# PORRIDGE ET POLENTA

# I

En cette matinée d'avril, Henry Radstock, ainsi qu'il avait accoutumé depuis qu'il était retraité des Chemins de Fer britanniques, sortit discrètement de chez lui, vêtu d'un survêtement rouge, et se rendit d'un pas accéléré dans le Wilton Park dont une des portes s'ouvre à quelques centaines de mètres de sa petite demeure de Bulbridge Road, qui représentait quarante années de sévères économies. Dans le Park, Henry trottinait pendant une heure et rentrait, persuadé que quelques grammes perdus lui donnaient le droit de s'octroyer un solide breakfast où le porridge se mêlait aux œufs, aux saucisses et à la confiture.

Radstock, un peu plus large que haut, montrait un teint rouge brique qui donnait immédiatement à penser qu'au cours de son existence, il avait dû absorber autre chose que du thé. Radstock était sot, mais depuis si longtemps que plus personne n'y prêtait attention. Il avait épousé, sur le tard, Lucy Dromahair, une Irlandaise abrutie par quinze années de travaux de nettoyage dans les locaux de la gare de Paddington. Comme Dieu aime à faire des miracles, ce couple médiocre avait une fille splendide, Susan, qui s'apprêtait à fêter ses vingt-quatre ans. Pour l'heure, elle se trouvait à Londres où elle passait ses derniers examens en vue d'entrer dans la fonction publique.

Lucy Radstock s'éveillait toujours au moment où son mari fermait la porte de leur maison pour gagner Wilton Park. Elle se levait alors afin que son seigneur et maître – pour qui elle éprouvait une admiration sans borne, l'amenant à une soumission de tous les instants – trouvât le breakfast prêt à son retour. Lucy était grise et terne. Pour elle, le plus beau jour de sa vie avait été celui où Henry, noir de charbon et de suie, était entré dans la salle d'eau qu'elle achevait de nettoyer et l'avait priée de l'aider à enlever sa veste. Tout était parti de là. Il l'avait demandée en mariage un dimanche alors qu'ils flânaient dans Hyde Park et, immédiatement, il lui avait exposé son « planning » pour les années à venir qu'ils allaient affronter ensemble. Elle avait un peu rougi quand il parla d'avoir un baby le plus vite possible puisqu'ils n'étaient ni l'un ni l'autre de la première fraîcheur. En tant que chauffeur, Henry avait droit à la retraite à cinquante-cinq ans. Alors, il irait vivre avec sa femme, à Wilton, petite ville à trois miles de Salisbury, dans le Wiltshire où il était né et où il avait acheté une maison en viager. Lucy répondit oui à tout, trop heureuse de sortir de sa misérable condition. Les événements s'étaient déroulés ainsi que l'avait décidé Henry. Le seul imprévu tint dans l'apparition de cette jolie fillette, nommée Susan en souvenir de la mère de Henry, et qui se révéla très tôt beaucoup plus intelligente que ses parents. Après de bonnes études, elle partit pour Londres en vue d'y choisir une situation. Les Radstock étaient très fiers de leur enfant.

Dès l'instant où la propriétaire de la maison achetée en viager était morte, Radstock, qui avait voté communiste pendant trente ans, bascula dans le clan des Conservateurs et abandonna la lecture du *Daily Mail* pour celle du *Times*. Il déployait ce journal avant d'attaquer son porridge et en commentait les nouvelles pour Lucy dont la vénération conjugale n'avait subi aucune atteinte depuis le jour de ses noces.

– Voyez-vous, ma chère, ce qui me choque dans le fait que la vieille Angleterre entre dans le Marché Commun, c'est l'obligation où nous allons être à fréquenter ces Européens qui, quoi qu'ils en prétendent, seraient plutôt des sous-développés.

Naturellement, jamais Henry et sa femme n'avaient franchi le Channel dont ils tenaient le rivage oriental pour l'avant-poste du monde barbare.

– Ce sera, en effet, bien déprimant, Henry.

– Des êtres incapables de préparer correctement des œufs au bacon ou de vous servir un thé ne ressemblant ni à une purge ni à de l'eau de vaisselle! Lucy, je vais vous confier une bonne chose : jusqu'ici, j'ai su me préserver de tout contact avec les Ecossais et les Gallois et ce n'est pas à cinquante-huit ans que je me renierai en rencontrant des gens situés à cent coudées au-dessous des Gallois, des Ecossais et des...

Il allait dire des « Irlandais » mais, se rappelant à temps que Lucy venait de la verte Erin et plus spécialement de l'Ulster, il se reprit :

– ... races inférieures. J'espère que Susan suivra mon exemple et qu'elle demeurera fidèle à notre pays.

– J'en suis sûre, Henry, ou alors, elle ne serait pas digne d'être votre fille!

– Lucy, je vous ai toujours tenue pour une femme de caractère sensé. Vous en avez d'ailleurs, en devenant ma femme, fourni la preuve à ceux qui, dans Paddington Station, vous prenaient pour une idiote et je suis heureux de vous confirmer que mon opinion n'a pas changé.

Lucy joignit les mains ainsi qu'elle le faisait le dimanche à l'église Saint-Nicolas quand elle écoutait le sermon du révérend Simmons et murmura :

– Je vous remercie, Henry.

Après le breakfast, Radstock, laissant son épouse s'occuper du ménage, procéda à sa toilette, puis se rendit dans Seagrim Road tout proche afin de prendre des nouvelles de son ami David Tetbury, retraité des chemins de fer lui aussi, mais qu'il n'avait pas connu avant de venir s'installer à Wilton. Il n'était pas dans les habitudes de Henry d'aller voir les Tetbury si tôt, mais aujourd'hui était un jour exceptionnel puisque Susan Radstock passait des examens définitifs et qu'il fallait que Radstock trouvât quelqu'un pour l'aider à vivre les heures le séparant du moment où il apprendrait sa réussite ou son échec.

David Tetbury était né résigné. Pâle et maigre, le regard toujours empreint d'une mélancolie que rien n'avait pu guérir, David était le contraire d'un joyeux drille. Parce qu'il se rendait compte de son incapacité à saisir la vie du bon côté, il admirait dans Radstock une certitude qui ne faiblissait jamais et que ne pouvait atteindre le plus léger doute. Tetbury ne trouvait guère de réconfort chez Harriet, son épouse. Celle-ci semblait être venue au monde pour pleurer. Les voisines chuchotaient qu'elle avait dû naître d'un saule pleureur. Tout lui était prétexte à gémir, à se lamenter, à envisager le pire. Son mari, par sa conduite, ne lui ayant jamais fourni l'occasion de donner libre cours aux angoisses dont elle débordait, elle s'était rabattue sur les faits divers ou les événements se déroulant à l'étranger. Elle pleurait sur les femmes que leurs maris égorgeaient, sur les époux dont les épouses se débarrassaient brutalement, sur les enfants maltraités et quand elle n'avait pas sa ration de peines ou de chagrins, elle sanglotait, suivant les hasards de la politique internationale sur les petits Juifs, les petits

Palestiniens, les petits Biafrais ou les petits Vietnamiens. Elle avait déjà prédit l'invasion de la Grande-Bretagne successivement par les Russes du temps de Staline, par les Espagnols à l'époque de Franco (pour venger le désastre de *l'Armada Grande*), par les Français lorsque régnait le général De Gaulle (pour effacer la honte de Trafalgar), par les Danois (quand ils avaient subitement relevé le prix du lard), puis par les Chinois, enfin par les Japonais soucieux de s'assurer le marché intérieur britannique. Chaque fois que David, excédé, voulait protester, Harriet se prenait la tête ou la poitrine ou le ventre en affirmant que la moindre contradiction la rendait malade et que d'ailleurs elle n'en avait plus pour longtemps. Un seul homme savait endiguer le flot des plaintes de Mrs Tetbury, Radstock. Sitôt qu'elle entamait une de ses longues litanies pleurardes sur les malheurs s'apprêtant à fondre sur le Royaume-Uni, Henry l'arrêtait :

– Attention, Mrs Tetbury! Vous risquez de ne pas vous montrer à la hauteur de la situation! On pourrait vous soupçonner de ne plus avoir confiance dans la Home Fleet, dans la Royal Air Force et dans notre Armée!

– Mais, Mr Radstock, les Chinois!

– Peuh! les Chinois! Ils n'existent pas, les Chinois! La Chine est un mythe inventé par les Communistes avec la complicité des Européens, pour essayer d'intimider l'Angleterre!

– Mr Radstock! je lisais dans le journal que les Chinois sont plus de 800 millions!

– Et alors? 800 millions de rien, c'est toujours rien, non? Les Nazis n'ont pas pu débarquer chez nous! ni les Espagnols! ni les Français! ce n'est quand même pas nous qui allons permettre aux Jaunes ce que nous avons refusé aux Blancs! Voyons, un peu de raison, chère amie!

Radstock appréciait fort les Tetbury parce qu'il

les écrasait de sa supériorité. D'abord, il avait vécu à Londres tandis que David n'avait pas quitté Liverpool; ensuite parce qu'intellectuellement, Henry se jugeait très supérieur et qu'il estimait flatter David et Harriet, en les prenant pour confidents des soucis que lui causait sa fille, eux qui n'avaient jamais pu avoir d'enfant.

– Vous m'excuserez de vous déranger de si bonne heure mais un père inquiet ne saurait se plier à la stricte observation des convenances. L'époque folle où nous vivons oblige les demoiselles de bonne famille à se chercher un métier pour vivre, nos cadets ayant perdu le jugement sûr de leurs aînés dans le choix de leurs compagnes, et ce n'est pas vous qui me démentirez, David?

En sanglotant presque, Tetbury répondit : « Sûrement pas, Henry », tandis que Harriet prenait le Ciel à témoin qu'elle n'aurait jamais dû fonder un foyer puisqu'elle était vouée à la douleur et aux larmes. Radstock passa sur ces tristes considérations et poursuivit :

– Je ne me suis pas senti assez sûr de moi pour attendre l'appel de Susan qui nous annoncera sa réussite ou son échec. C'est pourquoi, j'ai préféré venir chercher un amical réconfort auprès de vous deux.

Les Tetbury assurèrent leur hôte qu'il n'aurait pu être mieux inspiré et, sur ce, ils commencèrent à énumérer tous les dangers, toutes les maladies qui n'attendaient que la décision de Susan de rester à Londres pour fondre sur elle. Ils firent tant et si bien que Henry partit plus tôt que prévu pour attendre, dans Burcombe Lane, l'ouverture du pub dont il était un des clients les plus assidus : *Le Colchique et le bleuet.* Là, le mari de Lucy retrouva un auditoire fidèle que son autorité subjuguait : Shipton, le boucher, Pickering, l'épicier, Helmsley, le tailleur, Easingwold, le facteur, et Epworth, le cordonnier, auxquels se joignait parfois Bothel, le préparateur en pharmacie. Lorsque Radstock poussa la porte du pub, il se fit un court silence qui se prolongea durant que Henry saluait ses familiers sans oublier Reginald Syre, le tenancier et Phoebe, sa femme. Le nouveau venu prit place à la table de ses amis et commanda une Guiness, puis il attendit que quelqu'un lui demande son avis tant sur la politique intérieure du gouvernement Heath que sur les frictions au Moyen-Orient. Avant de répondre, Radstock s'essuya longuement les lèvres.

– Mes chers amis, vous devez vous douter que ce que vous apprennent les journaux n'est que l'apparence des choses. Ce n'est pas à un vieux Londonien de ma sorte que ces gentlemen de Fleet Street parviendront jamais à faire prendre des vessies pour des lanternes!

Un murmure approbatif courut autour de la table, murmure signifiant qu'il faudrait que les journalistes de Fleet Street aient perdu la raison pour espérer abuser un homme comme Henry Radstock.

– Je ne cesse jamais de répéter à ceux qui me font l'honneur de m'écouter, de ne pas croire totalement ce qu'ils lisent afin d'avoir une idée personnelle. Oui, me direz-vous, mais comment l'établir, cette idée, en étant à peu près certain de ne pas se tromper? Evidemment, vous ne pouvez tous posséder l'expérience qui est la mienne. Néanmoins, je vous donnerai, si vous le permettez, quelques règles qui pourront, honnêtement et scrupuleusement appliquées, vous empêcher de grossir le nombre des gogos qui acceptent pour vérité ce qui est imprimé sous prétexte que c'est imprimé. Sans doute, n'ai-je jamais été à Oxford ou à Cambridge...

Le boucher soupira à haute voix :

– A mon avis, c'est dommage...

– Merci, Mr Shipton... Je me permettrai de souligner, en toute simplicité, que je crois sincèrement que vous avez raison. Ces règles, gentlemen, sont les suivantes : déclarez mensonger ce que disent ou écrivent les Travaillistes au sujet des choses de notre pays. En ce qui concerne le reste du monde, partez de ce principe que les puissances ètrangères nous envient et cherchent à nous nuire même quand elles prétendent le contraire. Ne tenez aucune nouvelle pour exacte à moins qu'elle n'émane de l'agence Reuter.

Avec une pareille méthode, les problèmes les plus ardus étaient résolus en quelques phrases et le prestige de Henry Radstock s'en augmentait d'autant. Il y eut, cependant, un instant difficile le jour où un étranger qui écoutait bavarder les amis s'approcha de leur table et s'adressant à Henry, demanda :

– Pardonnez-moi, sir, venez-vous souvent dans ce pub?

– Deux fois, le matin et le soir.

– Merci. Puis-je encore vous prier de m'indiquer où vous demeurez, sir?

– Ma foi, sir, je n'en fais pas mystère : Bulbridge Road.

– Pas très loin de Washern Close, j'imagine?

– A deux pas.

– Je vous remercie infiniment, sir, de ces précieux renseignements. Je suis de Londres et comptais me fixer ici, à Wilton. J'avais découvert, dans ce quartier, une maison qui me convenait à merveille. Je l'aurais achetée si vous ne m'aviez si aimablement renseigné.

– Dois-je comprendre que vous n'êtes plus acheteur?

– Non, je ne le suis plus, car je vous ai écouté et je dois vous confesser que, de ma vie, je n'ai entendu propos plus imbéciles tenus avec une aussi solennelle stupidité. Alors, la perspective d'avoir à vous rencontrer ou à vous écouter pendant les années qui me restent à vivre, est nettement au-dessus de mes forces. Je préfère renoncer. Au revoir, gentlemen.

Contrairement à ce qu'on aurait pu imaginer, cet affront – qui aurait pu se muer en défaite sans appel – fut transformé, par les amis de Radstock, en une preuve définitive de la supériorité intellectuelle de leur compagnon, puisque même les gens de Londres le jalousaient.

A 13 heures, Henry quitta *Le Colchique et le bleuet* pour rentrer chez lui. Il y retrouva Lucy qui vivrait dans l'anxiété jusqu'au moment où il déclarerait qu'il avait fort bien mangé et que les Français pouvaient toujours se monter la tête avec leur gastronomie où les grenouilles tenaient une place essentielle. Quand Mrs Radstock eut entendu de la bouche de son époux (sinon elle ne l'eût pas cru) le récit de l'algarade avec le Londonien, elle en demeura plusieurs minutes la bouche ouverte, les yeux ronds, l'indignation lui coupant le souffle et lui brouillant la vue. On lui aurait affirmé que l'archevêque de Canterbury venait de s'inscrire au parti communiste qu'elle n'eût pas témoigné d'une stupéfaction plus grande. Lorsqu'elle eut repris ses esprits, elle se contenta de dire :

– Henry, vous êtes vraiment quelqu'un et si j'avais eu besoin d'une preuve supplémentaire pour en être convaincue, le véritable guet-apens que vous a tendu cet individu, suffirait. Henry, je suis fière de vous.

– Raisonnablement, Lucy, je pense que vous pouvez l'être.

Henry venait de déplier sa serviette lorsque Lucy lui annonça :

– La lettre de Susan est arrivée.

– Alors?

– Je ne me suis pas permis de l'ouvrir, Henry. J'ai des manières, ne l'oubliez pas!

– Je vous demande pardon, Lucy.

Radstock prit l'enveloppe, la déchira et lut :

*Mes chers parents, j'ai le grand plaisir de vous annoncer que j'ai été reçue à mon examen et que j'entrerai en fonction dans deux mois. En somme, des sortes de vacances avant de me mettre sérieusement au travail. Je suis folle de joie, car désormais je ne serai plus à votre charge et mon plaisir est encore augmenté du fait que mes deux camarades, Tessa et Mary Jane, ont été également reçues. Je vous rejoindrai après-demain et, si vous n'y voyez pas d'inconvénient, avec Tessa et Mary Jane. J'aimerais que vous les connaissiez. A bientôt. Je vous embrasse. Votre fille, Susan Radstock.*

*– P.S. – C'est moi qui ai été la première à l'épreuve d'italien.*

Henry replia posément la lettre qu'il remit dans son enveloppe avant de se permettre ce simple commentaire :

– Eh bien! Lucy, j'estime que vous avez vraiment réussi cette enfant.

Inondée de bonheur, Lucy baissa une paupière pudique pour dire :

– Parce que j'ai eu la chance de vous rencontrer, Henry.

– Je suis heureux, ma chère, que vous vous en rendiez compte.

Il lui tendit l'enveloppe.

– Me tromperais-je en supposant que vous aurez plaisir à la lire aux Tetbury quand ils viendront à 17 heures prendre le thé?

– Oh! merci, Henry!

Cet après-midi-là, Radstock ne put rester en place et, calculant qu'il se passerait trois bonnes heures avant que leurs amis ne viennent les visiter, il décida de sortir pour se changer les idées. Dehors, il s'en fut prendre le bus et fila à Salisbury, car, confusément, Wilton lui semblait un cadre trop petit pour contenir la joie orgueilleuse qui l'emplissait. Parvenu au cœur de la vieille et noble cité, en arrivant au terminus de Castle Street, Henry se mit à errer à petits pas pour montrer aux gens qu'il croisait qu'il ne se hâtait pas parce qu'il n'avait plus de souci à se faire pour le lendemain. Il avait envie de crier à ces hommes et à ces femmes qui le côtoyaient :

– Je suis Henry Radstock, retraité des Chemins de Fer, et ma fille est, désormais, fonctionnaire de la Couronne!

Par Blue Boar Road, le père de Susan gagna Queen Street où il s'offrit, pour garder un souvenir de ce beau jour, une blague à tabac. Il ne songea point à rapporter quelque chose à Lucy. Il ne pensait jamais à Lucy quand il ne la voyait pas. Au surplus, aucun cadeau n'aurait pu faire plus de plaisir à Mrs Radstock que la lettre de sa fille merveilleusement suivie des compliments de son mari. Elle qui, d'ordinaire, se montrait si passive, était d'une fébrilité extrême. Il lui semblait que l'heure du thé ne viendrait jamais, que son époux serait en retard, que les Tetbury auraient oublié l'invitation. Pour tromper son attente, elle s'efforça de s'embellir le visage le plus possible mais c'était là une tâche ingrate. La pauvre Lucy ne s'illusionnait guère sur ce chapitre. Dépitée, mais sans amertume, elle abandonna la partie et s'en fut dans sa chambre mettre la robe que son époux lui avait offerte trois années plus tôt à l'occasion de Noël. Enfin, Radstock arriva, précédant de peu les Tetbury.

– Vous savez que j'étais inquiète? ne vous voyant pas arriver, je craignais que quelqu'un ou quelque chose vous ait retardé.

– Voilà qui m'étonne de votre part, Lucy! Comment pouvez-vous supposer qu'un homme ayant vécu la plus grande partie de son existence en se conformant à des horaires précis, puisse ne pas avoir la notion du temps qui passe?

– Excusez-moi, chéri.

– D'accord, pour cette fois, chérie.

Mrs Radstock ressentait une telle hâte de mettre ses hôtes au courant qu'elle faillit s'étrangler avec son cake et s'étouffer avec son thé. Elle se contraignit, non sans mal, à attendre le signal de son mari. Le gâteau mangé, la théière vidée, Radstock daigna cligner de l'œil à sa femme qui – s'efforçant de prendre l'air le plus naturel, le plus détaché – annonça :

– Nous avons enfin reçu une lettre de Susan.

Harriet, frétillante, une lueur d'intérêt dans son regard noyé, demanda :

– Alors?

Lucy prit son temps afin de savourer cet instant unique.

– Eh bien! j'ai le plaisir de vous annoncer que notre fille a été reçue à ses examens et qu'elle sera fonctionnaire de la Couronne comme son cher papa!

On félicita les heureux parents. Les femmes s'embrassèrent, les hommes se serrèrent la main, se tapèrent sur l'épaule et une euphorie sincère brilla sur tous les visages jusqu'au moment où Mrs Tetbury se laissa retomber sur sa chaise en versant des larmes abondantes. On s'empressa autour d'elle, on s'inquiéta de sa santé, on voulut lui dégrafer son corsage peut-être un peu juste, mais elle finit par avouer entre deux sanglots :

– J'aurais tant aimé avoir une fille comme la vôtre...

On se redressa, rassuré. Ce n'était qu'une crise sentimentale pareille à la multitude de celles qui l'avaient précédée. Pour l'apaiser, Lucy lui affirma, sans en penser un mot, que leurs deux familles étaient assez liées pour que l'enfant de l'une soit un peu l'enfant de l'autre. Ce à quoi, Harriet répondit que le Ciel devait lui en vouloir personnellement puisqu'il la privait des joies les plus élémentaires, les plus naturelles et que d'ailleurs, elle se savait maudite quasiment depuis qu'elle était née. On se récria, elle n'en voulut pas démordre et repiqua une tête dans un désespoir dont personne ne sut de quelle façon la tirer. Ils attendirent donc paisiblement que son chagrin fut asséché, et quand Radstock crut surprendre une accalmie dans le gémissement continu de Mrs Tetbury, il décida, à la façon dont on annonce la présentation d'une gourmandise :

– Et il y a un post-scriptum! Lisez-nous le post-scriptum, Lucy.

Tremblante d'émotion, ne parvenant pas à refréner les élans orgueilleux qui faisaient sauter sa voix et lui donnaient, par moments, des éclats de trompette, elle lut :

– *Post-scriptum : C'est moi qui ai été première à l'épreuve d'italien.*

Il y eut un court silence pendant lequel les Radstock se laissèrent flotter dans une félicité totale tandis que Mrs Tetbury oubliait de pleurer sous l'effet d'une réflexion intense et que son mari, semblable au veau dans la pénombre tiède de l'étable, ruminait on ne sait quoi. Finalement, Harriet s'arracha à ses réflexions pour demander :

– Alors, Susan parle italien?

Frémissante, Lucy répliqua :

– Vous avez entendu? elle a été la première!

– Mais, pourquoi a-t-elle appris l'italien?

Cette question idiote prit les parents au dépourvu. Henry et sa femme se regardèrent, interloqués. Sortant de son nirvana personnel, David exprima son opinion :

– Sans doute parce que cela lui plaisait.

Entêtée, Harriet persista dans sa curiosité.

– D'accord, mais pourquoi cette langue lui plaît-elle particulièrement?

Radstock détestait de ne pouvoir fournir une réponse plausible à une question et Mrs Tetbury commençait à l'énerver sérieusement. Lucy, soucieuse d'apaiser le conflit sous-jacent qu'elle devinait et redoutait, proposa :

– Peut-être parce qu'elle la trouve belle?

Son mari haussa les épaules.

– A quoi pensez-vous, Lucy? Comment pourrait-on trouver une langue belle quand on a la chance d'avoir pour langue nationale la plus belle langue du monde, la nôtre? D'ailleurs, pourriez-vous me dire en quelle langue Shakespeare a écrit ses pièces?

– En anglais, je suppose?

– Et si le plus grand écrivain de tous les temps a choisi l'anglais pour s'exprimer, c'est que l'anglais est la plus belle de toutes les langues! Je défie quiconque de me prouver le contraire!

Malheureusement, Harriet s'obstinait :

– Peut-être Susan a-t-elle fait la connaissance d'un jeune et bel Italien?

Très sec, Henry décréta :

– Attention, Mrs Tetbury! vous êtes sur le point d'insulter ma fille! Je crois l'avoir assez bien élevée, avec l'aide de mon épouse ici présente, pour qu'elle ne se marie jamais sans en demander d'abord la permission à son père!

– Alors, c'est qu'elle désire, tout simplement, aller se promener en Italie.

– Non, Mrs Tetbury, non! Susan est une fille correcte qui a des principes, les miens! Je suis certain qu'à l'exemple de ses parents, elle ne quittera jamais notre île! Nous n'avons pas voulu qu'elle devienne exploratrice, tout de même! Au surplus, j'ajouterai, Mrs Tetbury, que lorsqu'on a eu l'honneur d'appartenir pendant plus de trente années aux Chemins de Fer britanniques, on n'a pas une fille qui puisse souhaiter aller en Italie !

Mr Radstock se trompait. Sa fille Susan, comme les deux camarades avec qui elle partageait sa chambre de Menelik Road, ne rêvait que de l'Italie. Toutes trois parlaient remarquablement la langue de Dante. Pourquoi avaient-elles appris l'italien plutôt que l'espagnol, le français ou l'allemand? simplement parce qu'elles s'étaient éprises – platoniquement et toutes les trois à la fois – d'un chanteur qui, se produisant à Londres, avait fait passer dans leur dos de vierges britanniques les voluptueux frissons du bel canto.

Susan ne ressemblait guère à ses parents. C'était une très belle brune, harmonieusement proportionnée et qu'un entraînement sportif suivi avait joliment sculptée. Une fille qui savait ce qu'elle voulait. De loin, la plus intelligente des trois. A elle revenait le soin de mener le jeu. Les deux autres, sans se connaître, avaient, chacune de leur côté, décidé de devenir fonctionnaires. Ainsi, elles s'étaient rejointes sur les bancs de l'école préparatoire où elles avaient trouvé Susan. Etant peu argentées, elles avaient uni leurs maigres ressources pour pouvoir poursuivre leurs études. Elles s'y étaient acharnées afin de sortir au plus tôt de cette médiocrité où elles étiolaient leur jeunesse et, pendant que leurs condisciples couraient les bals et les cinémas, elles travaillaient de concert et ne se permettaient d'aller au spectacle que lors des fêtes carillonnées. Le reste du temps, leur plaisir et leur délassement était le gymnase où elles dérouillaient leurs muscles et calmaient des élans dont les satisfactions étaient sagement remises à plus tard.

Tessa Gillengham, la rousse, avait un an de moins

que Susan. Une athlète qui, à vingt-trois ans, s'était magnifiquement développée. Sa force, pour une femme, s'avérait hors du commun en dépit d'une apparence, somme toute, élégante. Elle s'affirmait intellectuellement la moins brillante du trio, mais elle en avait pris son parti et veillait sur ses deux amies et notamment sur Mary Jane, la plus fragile du lot. Une petite blonde aux yeux violets qui avait toujours tendance à rêver et se faisait sans cesse rabrouer par ses aînées. Pourtant, cette délicate enfant avait remporté le premier prix de judo.

Menelik Road où logeaient les jeunes filles est un quartier de Londres déjà excentrique. On y voit des jardinets et ces charmantes villas en brique qui matérialisent les rêves uniformes des sujets de Sa Majesté. Par exception, le temps étant au beau et lorsqu'on ne craignait ni le vent aigrelet ni l'humidité, on pouvait s'installer sur des transatlantiques en plein air. Les trois lauréates appartenaient à cette catégorie et, très détendues, conversaient en regardant le soleil jouer dans les branches rachitiques d'arbres qui tentaient d'échapper à l'asphyxie.

Susan se sentait pleinement heureuse. Son avenir assuré, celui de ses camarades aussi, la certitude de ne pas être séparées puisqu'elles travailleraient toutes les trois à Londres, la perspective de deux mois de vacances et ce magnifique projet d'un séjour d'un mois en Italie grâce à la triple bourse qu'elles avaient reçue de la part de l'ambassade italienne et dont elles avaient mélangé les montants, autant de motifs d'envisager l'avenir avec optimisme.

– J'ai toujours rêvé d'aller en Italie..., soupira Tessa. Je souhaiterais retrouver l'ombre de ces géants du Quattrocento... En ce temps-là, il y avait des hommes qui étaient des hommes. Ils portaient des cheveux longs, sans doute, mais ces derniers retombaient sur des épaules larges. Ils n'avaient rien d'efféminé... Seigneur! pourquoi n'ai-je pas vécu à Florence du temps de Laurent le Magnifique?

Mary Jane se mit à rire.

– Avec le caractère que vous avez, Tessa, je doute que vous eussiez accepté la condition de la femme au Quattrocento... On n'aurait pas tardé à vous prier de monter sur le bûcher... Mon Italie à moi, c'est celle d'un pays qui offre toutes les conditions nécessaires au bonheur... Le soleil, la beauté des paysages... l'enthousiasme des gens et l'amour... Existe-t-il un pays au monde où l'amour soit plus respecté, plus honoré? Romeo et Juliette sont plus connus qu'Auguste et Hadrien. Pétrarque, avec ses tendresses plus ou moins mythiques pour Laure, a réussi à rendre l'Occident amoureux d'une beauté qui n'existait pas!

Susan reprit la situation en main.

– Ne nous énervons pas! Nous n'irons pas plus à Florence qu'à Vérone, mais à San Remo où l'on nous offre un mois de pension à *La Casa Grande.* Si vous avez des économies, vous pourrez vous offrir une virée dans vos cités d'élection. Moi, je ne crois pas que je bougerai. Vous comprenez, ce dont j'ai besoin, ce n'est pas d'ombres historiques ou d'émotions sentimentales, mais de voir enfin un ciel bleu, de constater de quelle façon l'on vit lorsqu'il ne pleut pas trois cents jours par an, quelles têtes ont les femmes et les hommes qui ne passent pas leur temps à renifler ou à tousser et quels visages, enfin, montrent les gens pour qui être heureux est l'état naturel.

Tessa haussa les épaules.

– Je vais vous donner mon opinion à votre sujet, Susan. Vous êtes désespérément prosaïque!

– Il faut obligatoirement qu'il y en ait une qui pense pour les trois, non? afin de vous prouver que je suis la prosaïque créature dénoncée par Tessa, je vous invite toutes les deux à passer le week-end à Wilton, chez mes parents.

La proposition fut accueillie d'enthousiasme et pour fêter cette soirée unique, les filles décidèrent de s'offrir une sorte d'orgie. Elles se lancèrent aussitôt dans l'élaboration d'un menu qui aurait droit à l'épithète gastronomique. Cela se traduisit vers les 9 heures du soir par une salade achetée dans un magasin de « Delikatessen » tenu par des Polonais, un morceau de poisson bouilli arrosé de sauce à la menthe, un rôti dont Tessa avait assumé la cuisson et qui, gris et noir, pouvait affronter les années à venir sans redouter la putréfaction. Il était accompagné d'une salade de pommes de terre et de tomates de Guernesey à la mayonnaise sucrée. Pour terminer ce festin, Susan avait déniché une tarte à la crème chantilly, sans crème. N'en étant plus à une folie près, les petites avaient durement puisé dans leurs économies pour acheter une bouteille de bordeaux « made in France » et qui rappelait beaucoup plus le détergent que le plus humble des crus aquitains. Remettant la vaisselle au lendemain, nos trois héroïnes s'endormirent d'un sommeil peuplé de rêves ensoleillés, leurs estomacs britanniques s'accommodant fort bien de ce qu'elles avaient absorbé et qui eût flanqué une gastralgie carabinée à n'importe quel estomac européen.

Longtemps avant l'heure de l'arrivée du train à Salisbury, les Radstock étaient sur le pied de guerre. Ils avaient revêtu leurs plus beaux atours et Lucy, assise sur une chaise en attendant le moment de gagner la station, tentait de retrouver des forces gaspillées depuis le matin dans l'arrangement des chambres, dans la constitution de provisions pour nourrir les jeunes filles pendant deux jours. Henry, quant à lui, élaborait un programme de réjouissances et se demandait s'il ne pourrait pas emmener ces demoiselles à *Le Colchique et le bleuet,* histoire de les montrer à ses amis. Mais serait-ce convenable?

Le cœur de Lucy battait à grands coups lorsque le train de Londres entra en gare. Elle éprouva un instant de panique devant le flot des voyageurs qui manquait la submerger et où elle craignait que les filles passassent sans la voir et sans qu'elle puisse les repérer. Soudain, alors qu'elle commençait à désespérer et presque à s'affoler, surtout depuis qu'elle avait perdu de vue son mari, on cria :

– Mummy!

Susan était là, devant elle, rayonnante. Les deux femmes s'étreignirent et Mr Radstock, revenu au bon moment, s'efforça de témoigner de moins de spontanéité, mais ce lui fut difficile.

– Susan, je suis content de vous.

– Merci, Daddy.

Lucy s'inquiéta :

– Vous n'êtes pas trop fatiguée, Susan?

– Pas du tout! Mummy, Daddy, je vous présente mes meilleures amies, Tessa Gillengham et Mary Jane Muchelney.

Tout en convenant que la petite blonde n'était vraiment pas mal, Lucy constata, avec plaisir, que Susan était quand même la plus jolie. Radstock trouva Mary Jane particulièrement à son goût et regretta sa jeunesse enfuie.

On s'entassa dans un taxi pour rejoindre Wilton et Bulbridge Road où Lucy s'affaira à installer son monde. Henry ne put contenir davantage l'envie qu'il avait d'exhiber sa fille à ses amis, histoire de renforcer son prestige. Il s'adressa aux demoiselles :

– J'espère que vous me pardonnerez de vous emmener d'ici une heure chez nos meilleurs amis, les Tetbury, qui brûlent du désir de vous connaître.

Je vous laisse donc vous préparer et je vous enlève Susan pour quelques minutes, j'ai besoin d'elle.

Susan montra une certaine réticence en apprenant à quelle démarche son père la destinait, mais elle se sentait assez heureuse pour témoigner d'un esprit de condescendance.

A *Le Colchique et le bleuet,* l'entrée de Radstock et de sa fille causa une impression profonde. Les amis tinrent à serrer la main de Susan qui, très intimidée, dut prendre place parmi ces hommes la dévisageant et boire, avec le plus de naturel possible, une bière au gingembre. Chacun s'exclama sur les charmes infinis de miss Radstock chez qui la beauté ne le cédait en rien à l'intelligence. Rouge comme une cerise, Susan était au supplice et se demandait avec angoisse combien de temps cela allait encore durer. Enfin, Henry se décida au départ, et Helmsley, le tailleur, parlant au nom de tous, déclara :

– Permettez-moi, Radstock, de vous remercier de l'honneur que vous nous avez fait en nous amenant votre fille qui est une réussite dont nous vous félicitons.

La paupière humide, Henry regarda ces visages levés vers son enfant et vers lui et, d'une voix un peu fissurée par l'émotion, répondit :

– Je conviens qu'il y a des heures dans la vie, où un homme a le droit d'être fier de lui.

Le plaisir rare que Radstock avait goûté au pub, Lucy se promettait de le savourer chez les Tetbury. Durant le trajet, le père de Susan confia à Mary Jane :

– Ces Tetbury ne sont pas de notre condition, mais ce sont les meilleures personnes qu'il soit, et ceci compense cela, n'est-il pas vrai?

– Certainement, Mr Radstock... La noblesse des sentiments vaut tous les parchemins.

Henry ne comprit pas exactement ce que la petite avait voulu dire, mais comme il s'agissait sans conteste d'une approbation, il n'alla pas chercher plus loin. Au fond, Radstock avait l'âme simple.

Mrs Tetbury s'était mise en frais pour recevoir les Radstock. Le thé s'affirmait un thé de gala avec buns, muffins, cake, petites saucisses, fromage de Chester, biscuits, etc... David était allé jusqu'à sortir une bouteille de whisky au cas où quelqu'un éprouverait le besoin d'aider une digestion un peu difficile. Les jeunes filles jugèrent les Tetbury un tantinet ridicules, mais elles étaient assez heureuses pour tout comprendre, tout admettre. On parla de n'importe quoi et du reste. De la condition de la femme dans la société britannique (Radstock assura qu'elle était enviée par les femmes du monde entier), de la politique de nationalisations, du marché commun, de la livre sterling (la seule monnaie en qui les étrangers avaient confiance, même quand il lui arrivait de faiblir sous les coups de la spéculation conduite par les ennemis de la Grande-Bretagne), et quand on eut échangé tous les lieux communs, mangé les pâtisseries, bu le thé, on resta à se regarder les uns les autres en se demandant ce qu'il convenait de décider. Harriet sauva la situation en s'adressant à Susan :

– Figurez-vous, ma chère, que Dave et moi nous nous sommes efforcés, vainement, de deviner pour quoi vous aviez cru bon d'apprendre l'italien? Vos parents interrogés n'ont pas pu nous répondre.

Miss Radstock répondit calmement :

– D'abord, parce que cette langue, très belle, me plaît beaucoup, et plaît aussi à mes compagnes. D'ailleurs, nous allons avoir l'occasion de la pratiquer, puisque nous partons pour l'Italie dès mardi prochain. L'ambassade de ce pays, à Londres, nous a offert à toutes trois une bourse qui va nous permettre de passer un mois à San Remo.

Figée par la surprise, Harriet regarda son mari qui regarda Mrs Radstock, laquelle fixa des yeux épouvantés sur Henry dont le teint naturellement empourpré était en train de tourner au violet. Harriet réclama sadiquement des précisions :

– Vous voulez dire, Susan, que vos amies et vous avez l'intention de vous embarquer à destination de l'Europe?

– Nous prenons l'avion.

– Et... et vous n'avez pas peur?

– Peur de quoi?

– Mais, je... je ne sais pas moi... les microbes... les accidents... la nourriture... les hommes (elle baissa pudiquement la voix) on raconte qu'ils ont... des mœurs horribles...

– Je ne pense pas, intervint Tessa, qu'ils soient pires sur le continent que chez nous.

Lucy poussa un oh! scandalisé.

– Comment pouvez-vous proférer une idée pareille, Tessa? Ne vous rappelleriez-vous pas que ce sont les Anglais qui ont inventé le « gentleman »?

– Ils ont dû en perdre le modèle! Vous partageriez mon opinion, Mrs Radstock, si vous deviez prendre le métro tous les jours! Il y a des soirs où j'ai de la peine à m'asseoir tellement j'ai été pincée là où vous pensez!

Harriet et Lucy s'exclamèrent :

– Est-ce réellement ainsi?

Susan et Mary Jane confirmèrent les paroles de leur compagne. Naïvement, Lucy s'enquit :

– Mais enfin, pourquoi se conduisent-ils de la sorte?

Mr Tetbury eut un ricanement léger qui fut jugé de très mauvais goût. Radstock se leva.

– Je dois, d'abord, vous confier la honte que je ressens à entendre ma fille confirmer une appréciation aussi sommaire sur le peuple qui passe, à juste titre, pour le mieux éduqué. Vous me pardonnerez, miss Gillengham, j'ai peine à croire ce que vous avez dit.

– Vous changeriez d'avis, Mr Radstock, si je pouvais, parfois, vous montrer mon... enfin, vous me comprenez.

– Ensuite, je ne veux pas avoir entendu le scandaleux projet de vous rendre en Italie. Je n'ai pas travaillé plus de trente années dans les Chemins de Fer britanniques pour que ma fille unique me déshonore!

Susan bondit :

– Je vous déshonore, moi!

– Parfaitement! Croyez-moi, Susan, si je vous dis qu'une fille comme il faut, une fille ayant des principes, une fille ayant la chance d'avoir des parents de notre qualité, ne piétine pas sa réputation! N'oubliez pas que vous êtes fonctionnaire!

– Dad, j'aimerais que vous m'expliquiez pourquoi ma réputation serait ruinée sous prétexte que j'irais – comme des milliers de mes compatriotes – me promener en Italie?

– Si, malheureusement, il y a des milliers de ressortissants de la Couronne qui ont perdu le sens de leur dignité, je ne veux pas que ma fille se range parmi eux!

– J'ai vu un film à la télévision... chevrota Lucy, un film sur la cour des Médicis... c'était épouvantable! on se tuait, on s'empoisonnait.

– Il y a quatre siècles que ces histoires se sont passées, Mrs Radstock, dit doucement Tessa.

– Et alors? Les peuples ne changent jamais leurs mauvaises habitudes. Regardez les Français? toutes les femmes y trompent leurs maris et vont dans des cabinets particuliers manger des grenouilles avec leurs amants!

– Cela suffit! trancha Radstock. Qu'on ne parle plus de ce ridicule voyage! Il n'aura pas lieu! Nous sommes de bons Anglais et nous entendons le demeurer. Demandez à l'ambassade d'Italie de vous donner cette bourse pour visiter l'Angleterre!

Mary Jane s'enquit de sa voix tendre :

– Afin d'apprendre l'italien?

⁂

Chaque matin, quand il sortait de sa chambre, don Pasquale, directeur de l'hôtel *La Casa Grande,* un des plus célèbres de San Remo, s'appliquait à descendre les sept étages sans utiliser l'ascenseur. Il prétendait que cette gymnastique matinale assouplissait des articulations que la cinquantaine commençait à coincer. Parvenu au premier, don Pasquale s'arrêtait, et s'appuyant un instant sur la rampe de fer forgé, il contemplait le hall. Sa position donnait au directeur une impression de puissance. Là, mieux que nulle part ailleurs, il se sentait le patron. Ainsi que tous les hommes petits, don Pasquale éprouvait sans cesse le besoin de se répéter qu'il n'était pas si petit que cela et tentait de rattraper cette infériorité physique par une morgue qui impressionnait les plus humbles. Cette vilaine habitude n'empêchait nullement le directeur de témoigner, quand il le fallait, de cette gentillesse affectueuse que les Italiens sont capables de montrer même aux gens qu'ils rencontrent pour la première fois.

Don Pasquale, s'il n'était pas grand, veillait à conserver une minceur quasi juvénile qui lui permettait de s'habiller avec les costumes « dans le vent » des jeunes gens de la via Matteotti. Une légère calvitie lui donnait une certaine allure et, lorsqu'il se regardait dans son miroir, le directeur n'avait pas à se forcer beaucoup pour se comparer à Jules César, « le divin chauve ». C'est pourquoi, don Pasquale promenait, au début de la journée, et du haut de l'espèce de loggia où il s'accoudait, un regard impérial sur le hall. Il notait, avec une certaine irritation, la désinvolture un peu trop apparente du beau concierge Anselmo Silano, qui, au fréquent dépit de don Pasquale, balayait le troupeau des clientes de l'œil du sultan inspectant son harem. De plus, Anselmo était grand, mais frère cadet d'Imperia Marineo, la gouvernante; cette parenté le mettait à l'abri de tous les reproches. Moins solennel, moins imbu de sa personne, le gentil Fortunato Marineo, fils d'Imperia et neveu du concierge, mettait son élégance, sa courtoisie, son savoir (il parlait l'anglais et le français comme la plupart des employés-cadres de l'hôtel) au service d'une réception dont nul ne se plaignait, au contraire. Fortunato était un joli garçon qui, s'il ne possédait pas l'allure de gentilhomme de son oncle, plaisait par son élégance, sa spontanéité et ses yeux bleus. Sous son aspect aimable, le réceptionniste cachait une volonté de fer directement héritée de la mamma dont il s'affirmait tout ensemble l'orgueil et la consolation depuis son veuvage. Contrastant avec son ami Fortunato, Enrico Valmesta, le chef des grooms, était un rêveur, doux et tranquille, sans cesse affligé par un chagrin d'amour qui lui faisait la prunelle triste et la paupière humide. Parce qu'il s'avérait incapable d'une méchanceté et, à la fois, d'une naïveté sans limite, on l'aimait bien. Le malheur d'Enrico tenait à ce qu'il se voulait sans cesse amoureux, et amoureux malheureux. Ce n'était pas le cas du premier liftier, Pietro Laci, un garçon qui, pas plus que les deux autres, n'avait atteint la trentaine. Bien qu'il ne fût pas mal du tout de sa personne, Pietro paraissait détester le monde entier sitôt qu'il s'adressait aux représentants du sexe masculin en qui il voyait, sans la moindre hésitation ni retenue, des rivaux triomphant de lui par des moyens déloyaux et conquérant, de la sorte, des femmes qu'il se figurait réservées à lui seul. Laci était un don Giovanni qui manquait de ressources. Hargneux, il supportait mal les réflexions sur son travail et on le ménageait. Il détestait – en lui feignant une amitié profonde – Fortunato et ses succès féminins.

*La Casa Grande* se flattait d'être un des plus vieux hôtels de San Remo. Parce qu'il avait su se moderniser et ne jamais rester en arrière de son époque, sa clientèle lui était demeurée fidèle et s'y succédait de génération en génération. Sur le corso Mombello, il montrait sa façade 1900 qui émouvait les vieux cœurs, et les jeunes aimaient à trouver le confort de 1973 dans ce qui, extérieurement, pouvait passer pour un vénérable témoin d'autrefois. Les étrangers surtout se plaisaient à *La Casa Grande* où l'on avait su conserver tout ce qui fit, en un temps, la suprématie de l'hôtellerie italienne de luxe. La maison que dirigeait don Pasquale avait connu cinq ou six années plus tôt un étonnant moment de gloire lorsque Benito Marineo assumait la réputation gastronomique de *La Casa Grande*. Malheureusement, l'admirable chef était mort en atteignant la cinquantaine, tué par le feu des fourneaux et aussi l'abus du Valpolicella pour lequel il éprouvait un irrésistible penchant sous prétexte que c'était le vin de son pays. Sa disparition fut considérée comme une sorte de deuil national dans la Ligurie entière.

Selon un rituel qui ne variait pas, don Pasquale ne gagnait jamais son bureau sans une inspection rapide du hall et des cuisines. L'œil du maître. Toutefois, en préambule, il n'omettait pas d'aller saluer donna Imperia, l'illustre veuve de Benito qui régnait sur la domesticité avec une autorité qui revigorait le directeur lui-même. Seuls échappaient à son autorité, les employés du hall et des cuisines.

Donna Imperia, une grande et forte Vénitienne, gardait à quarante-sept ans des restes magnifiques où l'on retrouvait facilement ce qui faisait le charme de son fils Fortunato et de son frère Anselmo. Le malheur lui avait donné une sérénité olympienne. Elle vivait dans le culte du grand homme qui avait été son époux. Toute proposition de remariage lui aurait paru une insulte à la mémoire de Benito et une goujaterie à son égard. Elle vieillissait dans une dignité à laquelle personne ne se serait permis de porter ombrage. Donna Imperia occupait au premier étage, au fond du couloir, juste après la lingerie, un vaste bureau où le sourire de son époux défunt s'étalait sur les murs avec ses diplômes, ses médailles, ses cordons. Don Pasquale saluait toujours la gouvernante avec une déférence qui réchauffait le cœur de la belle veuve. Ils travaillaient ensemble depuis si longtemps qu'ils en arrivaient à se croire parents. Mais cela n'empêchait pas que leurs rapports étaient toujours empreints d'une solennité à laquelle ils semblaient tenir tous deux.

– Donna Imperia, je vous souhaite le bonjour.

– Bonjour, don Pasquale... (Elle était la seule à appeler le directeur par son prénom.)

– Avez-vous bien reposé?

Ici, un profond soupir.

– Hélas! don Pasquale, depuis la mort de Benito, je ne dors presque plus...

Doux et pieux mensonge que tous deux acceptaient et feignaient de tenir pour vérité.

– Pauvre chère donna Imperia... Du nouveau dans votre service?

– J'ai dû renvoyer la petite arrivée de Livourne, il y a huit jours. Elle n'avait pas le genre de la maison.

Condamnation sans appel, signifiant que la demoiselle n'était pas de bonnes mœurs, chose qui se révélait intolérable à *La Casa Grande.* Donna Imperia ajouta :

– Josefina suffit!

Don Pasquale se garda de répondre, car Josefina, une fille superbe où semblait se résumer toute la beauté des femmes italiennes autour de leur vingtième année, était la bête noire de donna Imperia et ce pour deux raisons : elle la tenait pour une dévergondée et elle tournait d'un peu trop près autour de Fortunato. Sans doute pour complaire à la signora Marineo, le directeur aurait-il renvoyé Josefina, mais cela lui était impossible puisqu'elle était la fille unique du successeur de Benito aux fourneaux de *La Casa Grande*, Ludovico Pamparato, et de la première surveillante, Albertina Pamparato. Don Pasquale murmura :

– Je n'ai pas à vous apprendre, donna Imperia, ce qu'il faut parfois supporter pour la bonne marche d'un hôtel...

– Je sais, don Pasquale.

Sur cette alliance maintes fois affirmée, le directeur se retirait, non sans baiser la main de la gouvernante, et gagnait le hall où il s'adressait d'abord – soucieux d'une hiérarchie depuis toujours respectée – au concierge après avoir répondu aux courbettes des autres d'un signe désinvolte de la main.

– Rien de particulier à signaler, Anselmo?

– Pas grand-chose, signor directeur, sinon que l'Anglais du 221 est rentré de nouveau ivre à 3 heures du matin.

– Du scandale?

– Aucun. Sitôt qu'il a eu jugé son état, le veilleur de nuit l'a mis lui-même dans l'ascenseur, l'a conduit dans sa chambre et l'a couché.

– Parfait. Vous donnerez mille lires de gratification à ce brave garçon et vous direz à votre neveu de les porter sur la note de l'Anglais sous la rubrique qu'il lui plaira. A propos, avez-vous vu don Luigi?

Le concierge répondit qu'il n'avait pas aperçu le sous-directeur – Luigi Margone – et que cela le surprenait car c'était bien la première fois depuis sept ans qu'il exerçait ses fonctions que don Luigi était en retard.

– Bah! il aura travaillé trop tard et ne se sera pas réveillé!

Abandonnant la conciergerie, don Pasquale s'en alla vers Fortunato qui, à la réception, lui signala le nombre de départs et d'arrivées prévus pour la journée. Pietro Laci se plaignit d'être surchargé de besogne et se déclara décidé à quitter son poste si l'hôtel refusait d'engager du personnel pour l'aider.

– Je ne suis pourtant pas un simple porteur de valises, signor directeur!

– Et qu'est-ce que tu es d'autre, Pietro? Il y a des centaines de paresseux dans San Remo prêts à prendre ta place.

Pietro retourna à son ascenseur en grommelant et en rêvant du jour où, les camarades communistes ayant pris le pouvoir, c'est lui qui dirigerait l'hôtel et don Pasquale s'occuperait de l'ascenseur.

Le directeur éprouvait une sorte de tendresse paternelle pour le chef des grooms, Enrico Valmesta, et ses désespoirs chroniques.

– Alors, Enrico, ça va?

– Non, signor directeur.

– Qu'y a-t-il encore?

– Je suis très attaché à l'hôtel, signor, et je ne voudrais pas vous mettre dans l'embarras.

– En faisant quoi, Enrico?

– En désertant mon poste pour raisons de suicide.

– A cause de la rousse d'Ospedaletti?

– Oh! non, signor directeur, celle-là, c'était le mois passé. Non, il s'agit d'une blonde aux yeux noirs. Elle habite Verezzo. Elle m'a permis de croire que nous deux ça pourrait marcher et puis elle m'a laissé tomber au profit d'un employé des postes!

– Et pour cette sotte, tu veux mourir!

Enrico se tordit les mains dans un désespoir sincère.

– J'ai vingt-quatre ans, signor directeur... Elles se fichent toutes de moi! dans ces conditions, je n'aurai jamais de foyer, jamais de bambini!

– Et alors?

Interloqué, Enrico cessa de larmoyer et fixa son interlocuteur :

– Moi, je n'ai ni foyer ni bambini, Enrico. Penses-tu que j'en sois plus malheureux? J'ai la liberté. Tu comprends? et où trouverais-je un plus beau foyer que *La Casa grande*? Tu es un imbécile, Enrico, et je déteste employer des imbéciles! tiens-le-toi pour dit! Suicide-toi, si tu le veux absolument, pour me prouver que je ne me suis pas trompé en te traitant d'imbécile, mais rappelle-toi que tu n'as le droit d'attenter à tes jours que pendant tes heures de congé, sous peine de manquer à l'honneur!

Puis, montrant d'un geste large les grooms qui, de loin, essayaient de deviner ce que les deux hommes se disaient, don Pasquale ajouta :

– Tu trouves que tu n'as pas assez de bambini avec ceux-là?

Sur cette remarque qu'il jugeait définitive, le directeur abandonna Enrico à ses idées sombres et gagna les cuisines, domaine réservé du maestro Pamparato.

Le chef mesurait près d'un mètre et quatre-vingt-dix centimètres. Rien que pour cela, don Pasquale le haïssait. Ludovico Pamparato, sous prétexte qu'il avait succédé à Benito, se croyait obligé de jouer les génies. Au lieu de se contenter d'exécuter une cuisine de bon aloi, il se creusait la tête toute la journée afin d'inventer des plats auxquels il souhaitait laisser son nom. Hélas! jusqu'à présent, l'échec avait été constant aussi bien pour sa polenta à l'anis, que pour son entrecôte aux myrtilles, son loup à la sauce ivoire ou sa frangipane à la purée d'avocats. Jamais abattu, il persistait dans ses recherches à la grande angoisse de sa femme Albertina, une aimable grosse quinquagénaire qu'il obligeait à déguster ses inventions sans tenir compte, d'ailleurs, de son avis.

Don Pasquale abordait toujours Ludovico avec infiniment de respect, un respect qu'il s'imposait et dont il enrageait.

– Bonjour, chef. La nuit a été bonne?

– Ceux qui pensent n'ont guère le temps de dormir.

– Qu'est-ce que vous nous avez mis au menu, aujourd'hui?

– Demandez à Mario. Je n'ai pas le temps de m'occuper de ces besognes terre à terre.

Le directeur fut sur le point de lui dire que son rôle consistait justement à s'en occuper, mais Ludovico ne supportait pas la moindre observation et menaçait, pour un oui pour un non, de rendre son tablier. Mario, le second, s'approcha :

– Vous voulez savoir ce qu'il y a au menu en plus des plats habituels, signor directeur?

– Si vous ne me jugez pas trop indiscret?

– Mais non, mais non. Alors, il y a le chevreau sauté chasseur, les sardines et les anchois au four, la morue frite au citron, les spaghetti aux truffes, le roulé de veau farci au jambon et aux œufs, les lasagnes aux aubergines.

– Ça va, ça va... C'est très bien... J'espère que nos clients seront satisfaits.

Pamparato se leva et se dressant de toute sa hauteur, laissa tomber dédaigneusement :

– S'il est des gens pour ne pas apprécier la cuisine de Ludovico Pamparato ce ne peut être que des barbares qui n'ont pas leur place à *La Casa*

*Grande*! D'ailleurs, je suis en train de mettre au point un poulpe à l'ananas qui devrait faire sensation dans le monde de la gastronomie!

Don Pasquale surprit le regard désespéré de la malheureuse Albertina à la perspective de ce qu'il lui faudrait bientôt ingurgiter pour plaire à son impérial époux.

Le directeur ne paraissant pas manifester un enthousiasme fou à l'énoncé de la merveille culinaire promise, Ludovico ajouta perfidement :

– A la vérité, je me demande si je ne perds pas mon temps dans cette cuisine. Il est quand même regrettable qu'un artiste comme moi soit contraint de gagner sa vie dans des tâches vulgaires alors que je devrais consacrer toutes mes heures à la recherche. Voyez-vous, don Pasquale, je crois que j'agirais sagement en vous donnant ma démission et en me retirant avec ma femme et ma fille dans notre Toscane...

Le directeur n'ignorait pas que Pamparato n'avait nullement l'intention de s'en aller, mais il aimait menacer, inquiéter. Cela lui donnait, à ses yeux d'imbécile, une importance supplémentaire. Pour don Pasquale, tout en sachant qu'il s'agissait d'un bluff, il ne pouvait, l'imagination aidant, envisager un départ brutal de son chef, une désertion en pleine bataille qui déshonorerait *La Casa Grande* pour toujours dans l'opinion touristique internationale. Sans répliquer, il sortit de la cuisine, monta dans son bureau et, pour se détendre, rêva au jour improbable, mais entre tous béni où, devant le personnel rassemblé, Pamparato entendrait ses quatre vérités avant d'être flanqué dehors.

Vers 9 heures du matin, chaque jour, le personnel du hall semblait être soudain pris d'une sorte de frénésie contenue, se traduisant par des gestes plus saccadés, des impatiences non motivées, des répliques lancées sur un ton un peu trop vif. Seul, Anselmo, le concierge, imperturbable, considérait d'un œil amusé cette agitation qui n'était guère perceptible qu'aux familiers de l'endroit sachant ce qui la motivait : le passage de Josefina Pamparato – une femme de chambre – dont tout le personnel masculin ou presque était follement amoureux.

Ses ennemis les plus déclarés reconnaissaient que Josefina était l'une des plus belles filles qui se puisse rencontrer. Assez grande, admirablement bâtie, portant toujours des robes qui, sans être osées, mettaient en valeur sa plastique, une bouche à faire rêver, des cheveux ondulant naturellement et des yeux qui vous mettaient le feu dans le sang. Malheureusement, Josefina était une garce qui n'ignorait pas ce qu'elle valait et entendait que tous les hommes lui obéissent.

Lorsque Josefina – contrairement au règlement, mais il semblait que pour elle, et pour elle seule, les règlements n'existaient pas – entrait dans le hall où elle avait embrassé le papa et la mamma, on s'arrêtait de respirer, et chacun des mâles présents réagissait à sa façon. Josefina commençait, en affectant de ne voir personne, par se rendre auprès du concierge pour lui demander si elle avait du courrier. Anselmo n'était pas dupe.

– Alors, ma belle, on vient tortiller son joli derrière sous les yeux de ces imbéciles?

– Anselmo, tu m'énerves!

– Eh bien! ma poulette, moi, tu me laisses froid.

– On dit ça, mais si je voulais...

– Erreur, cocotte! Si, moi, je voulais!

Et pour appuyer ses dires, le concierge administrait une claque discrète mais solide sur la fesse de Josefina indignée.

– Tu as des manières! attends que j'en parle à mon père!

– Ma qué, ton père? tu sais ce que j'en pense, hé? alors si tu tiens à ce que je le lui dise en public, à ta disposition!

Cet Anselmo, il avait beau ressembler à un dieu, elle l'aurait – ce jour-là – mordu, égratigné, battu avec une joie profonde. Elle était si énervée, Josefina, qu'elle passa devant Pietro Laci sans lui prêter attention. Le chef-liftier l'attrapa par le bras.

– Tu me fais le coup du mépris, à présent, Josefina?

– Mais non, bêta! Seulement cet Anselmo, il me met dans tous les états!

– Parce qu'il a envie de toi!

Flattée, elle ronronna :

– Tu crois?

– Et comment! seulement, je t'avertis, Josefina, je ne le permettrai pas!

– Qu'est-ce que tu ne permettras pas?

– Que tu en aimes un autre!

– Et au nom de quoi, je te prie?

– Au nom de mon amour!

– Ma qué! si tu m'aimes, ça te regarde, pas vrai? moi, je ne t'aime pas! et je ne vois pas pour quelles raisons je n'irai pas chercher ailleurs un garçon qui me plairait?

– Fortunato Marineo, par exemple?

– Par exemple! Bonne journée, Pietro.

– Prends garde, Josefina, le jour où je te verrai t'amouracher pour de vrai, je te tue!

– Tu devrais te soigner, Pietro. Tu n'es sûrement pas bien!

Laissant le liftier remâcher sa colère, Josefina rejoignit Fortunato à la réception et roucoula :

– Bonjour, amour de ma vie...

Fortunato répondit par un sec :

– Bonjour, Josefina... Tu as bien dormi?

– J'ai rêvé de toi, et de notre mariage.

– Tu as de drôles de rêves... Tu devrais voir le médecin.

L'œil de la petite se chargea d'éclairs. Elle gronda :

– Attention, Fortunato! Je suis bonne fille, ma qué! Il y a des limites! Tu seras mon époux ou ça tournera mal pour nous deux!

Le fils de donna Imperia haussa les épaules.

– Tu ne devrais pas commencer si tôt, ça va te brouiller le teint!

– Fortunato, écoute-moi bien : regarde tes collègues. Tous, y compris ton oncle Anselmo, ils ne demandent que de m'avoir pour amie, mais c'est toi que je veux, tu comprends?

– Je comprends, Josefina, ma qué! moi, je ne veux pas de toi.

– Et pourquoi, gros malhonnête?

– Parce que tu n'es pas une fille sérieuse, Josefina. Et moi, je ne veux avoir des bambini qu'avec une fille que je respecterais!

– Alors, tu ne me respectes pas?

– Et toi, crois-tu que tu te respectes?

– Tes injures, Fortunato, je m'en fiche parce que je t'aime et que ça te plaise ou non, je te marierai! mais si tu t'avises de jeter les yeux sur une autre, je la tue, je te tue, et je me tue!

– Ma qué! un vrai massacre, hé?

Exaspérée, Josefina tourna les talons et, contrairement à ses habitudes matinales, au lieu de gagner l'étage dont elle avait en partie la responsabilité, elle retourna dans la cuisine pour aller pleurer sur la grosse poitrine de sa mamma. Celle-ci ne supportait depuis près de quarante ans son infernal époux que pour l'amour de sa fille. La voir malheureuse lui faisait bouillir le sang. Dans ces moments-là, elle n'avait même pas peur de Ludovico.

– Qu'est-ce que tu as, ma Josefina? qui s'est montré méchant avec ma tourterelle?

– Fortunato.

– Ah! celui-là! le bon Dieu pourrait pas lui envoyer une maladie qui l'expédie en quelques jours?

– Oh! mamma! comment peux-tu dire des choses pareilles! S'il mourait, je mourrais aussi!

– Non! non! pas toi! qu'est-ce que je deviendrais sans ma bambina?

Elles mélangeaient leurs larmes dans la perspective d'une mort qu'elles inventaient. Intrigué, Ludovico amena son immense carcasse près du couple éploré.

– Un malheur?

Albertina se dégagea pour répliquer :

– Ta fille veut mourir, Ludovico!

– Ah? C'est vrai, Josefina?

– Si, papa! Je ne veux pas survivre à Fortunato!

– Il est mort?

– Ma qué! protesta la mamma, tu ne comprends donc rien, Ludovico? C'est moi qui voudrais qu'il soit mort!

– Ah?

– Alors, Josefina, elle jure que s'il meurt, elle meurt aussi!

– Tu peux me dire pourquoi cette hypothétique tuerie?

– Parce que le signor Fortunato, il se prend pour quelqu'un et il dédaigne la fille unique du maestro Pamparato!

Ludovico eut un rire incrédule.

– Ce n'est pas possible!

Toutes deux, un instant éberluées, regardèrent, de bas en haut, ce monument de suffisance qui, plantant là tout le monde, retourna à ses fourneaux.

Don Pasquale se perdait dans une rêverie nonchalante lorsque le concierge lui téléphona que deux policiers le demandaient.

– La police? mais pourquoi? un client serait-il allé se plaindre?

– Je l'ignore, don Pasquale.

– Eh bien! je les reçois à l'instant. Conduisez-les à mon bureau.

Anselmo, quelques minutes plus tard, ouvrit la porte du bureau directorial et s'effaça, pour laisser entrer les visiteurs.

Le plus âgé salua don Pasquale et se présenta :

– Commissaire Massimo Prizzi... Mon adjoint, inspecteur Paolo Coni. Signor directeur, je présume?

– Oui, messieurs, oui... j'avoue que j'ai la tête un peu perdue... Votre visite si inattendue...

Le commissaire remarqua :

– Il est rare qu'on nous attende... avant.

– Bien sûr... Que puis-je pour vous, messieurs?

– Votre sous-directeur est bien le signor Margone? Luigi Margone?

– En effet, mais...

– Est-il à l'hôtel en ce moment?

– Je le suppose.

– Vous le supposez seulement?

– Ma foi... Figurez-vous qu'on ne l'a pas vu, ce matin, ce qui est tout à fait contraire à ses habitudes... Quand vous êtes arrivés, messieurs, j'achevais mon inspection matinale et je m'apprêtais à monter à l'appartement de Margone.

– Dans ce cas, si vous n'y voyez pas d'inconvénient, nous vous accompagnerons.

– Ah! vous... Bon, ce sera comme vous voudrez.

– Exactement, signor directeur.

Ils quittèrent le bureau, gagnèrent l'ascenseur, s'arrêtèrent au huitième étage et au moment où suivant don Pasquale, les policiers se dirigeaient vers le logement du sous-directeur, un cri terrible retentit, un hurlement plutôt où l'on devinait une épouvante sans limite. Les trois hommes se mirent à courir et, ayant tourné le premier angle qui s'offrait à eux dans le couloir, ils virent une femme de chambre, une main sur la bouche, un bras tendu vers la chambre à la porte ouverte. Ils se précipitèrent et virent, se balançant à une cordelette accrochée à un gros piton retenant le rideau sur un côté, un homme en pyjama. Les policiers se tournèrent vers don Pasquale qui inclina la tête.

– Luigi Margone...

## II

L'œil lourd, la mine défaite, le teint jaune, don Pasquale avait perdu toute superbe. Il offrait l'image d'un homme vaincu et qui, acceptant sa défaite, n'envisage plus de lutter. En le recevant, comme tous les matins, donna Imperia s'en montra impressionnée.

– Voyons, don Pasquale... Il faut vous reprendre! songez à vos responsabilités!

Le directeur secoua la tête.

– Je suis un homme fini, donna Imperia... Il ne me reste plus qu'à donner ma démission.

– Allons donc! ce n'est pas de votre faute si Luigi Margone s'était compromis dans une histoire de drogue!

– Penser, donna Imperia, que *La Casa Grande* pouvait servir de relais à une pareille abomination, j'en suis malade... Je n'ai pas été digne de la confiance de mon conseil d'administration, j'ai failli à l'honneur!

– Vous voyez les choses en noir parce que vous êtes resté trop longtemps avec ces policiers!

– Des gens bien élevés, il faut le reconnaître... Il

paraît qu'ils soupçonnaient Margone depuis pas mal de temps. Pour nous éviter un scandale, ils l'avaient convoqué... Un transporteur de drogue qui dépendait de lui, capturé, aurait parlé... On a retrouvé la convocation dans sa chambre...

– Sans doute a-t-il compris qu'il était perdu et a préféré fuir la justice des hommes pour s'en remettre à celle de Dieu...?

Il y eut un court silence, puis don Pasquale chuchota :

– Donna Imperia, votre place dans la maison vous donne le droit de tout savoir.

Elle le regarda, intriguée.

– Luigi ne s'est pas pendu...

– Pourtant...

– ... on l'a pendu!

– Seigneur Jésus! Pourquoi cette sinistre mascarade?

Le directeur écarta les bras pour signifier son incompréhension et ajouta dans un murmure :

– Je ne voulais pas vous le dire afin de ne pas vous inquiéter... Seulement, il y a plus grave encore...

– Ce n'est pas possible?

– Sí!... Il n'était pas mort quand on l'a pendu, mais endormi...

– Endormi?

– Il avait ingurgité ou on lui avait fait prendre assez de somnifères pour le réduire à une quasi-inconscience, après...

– Ma qué! comment peut-il exister des monstres pareils? et qui est le criminel?

– Allez le deviner... Les policiers ont fouillé partout, vous êtes au courant...

– Même dans mon appartement! Ils ont osé!

– Et ils n'ont rien trouvé... Tout ce tohu-bohu en pure perte... Encore heureux que ces messieurs aient fait preuve de tact et n'aient visité les chambres de nos clients qu'en leur absence... Voyez-vous, donna Imperia, il y a quelque chose de brisé en moi... *La Casa Grande*, c'était ma famille, mon foyer... Je suis dans l'état d'esprit du père à qui l'on vient révéler que le fils dont il était si fier est un voyou... Je suis désemparé et je me retrouve les mains vides alors que je suis trop vieux pour recommencer. Sincèrement, si je ne croyais pas en Dieu, je pense que je me suiciderais.

– Voulez-vous vous taire! Vous n'avez pas honte? Tout le troupeau serait-il à abattre parce qu'un mouton noir s'est glissé parmi les brebis? Luigi Margone nous a trompés, il a payé, que le Seigneur lui pardonne. Pour nous, don Pasquale, la page est tournée...

Grâce, en effet, à la bonne volonté de la police de San Remo, le scandale avait été réduit à ses plus minimes proportions. Luigi Margone avait été qualifié d' « employé » de *La Casa Grande* ce qui n'allait pas très loin. Un employé, n'est-ce pas... La première émotion passée, la vie de l'hôtel avait retrouvé sa quiétude quotidienne de grande maison qui ne se fait jamais de souci quant à la présence d'une bonne clientèle. Ce court entracte terminé, Enrico s'était remis à rêver de Josefina, Fortunato à se demander s'il rencontrerait un jour celle qui prendrait son cœur du premier regard et Anselmo à surveiller tout son monde, un sourire désabusé aux lèvres, surtout lorsque Josefina venait se pavaner devant tous ces jeunes gens qu'elle plongeait dans les transes. A la cuisine, le signor Pamparato vaticinait sur sa gloire future. Luisa Duello – la femme de chambre qui avait découvert le corps de Margone – était la seule à avoir été vraiment traumatisée par sa macabre découverte. Depuis, elle n'ouvrait jamais une porte de chambre sans d'infinies précautions et une prudente lenteur.

L'inspecteur Paolo Coni, un bon vivant, passait de longues heures dans le hall de *La Casa Grande* et expliquait au concierge :

– Notez que ma présence ne sert absolument à rien, parce que vous pensez bien qu'après la mort de ce Margone, ses amis vont se méfier, ma qué! on me donne un ordre, j'obéis, hé? J'aime mieux être ici que de courir au derrière d'un type tout disposé à se débarrasser de ma personne par n'importe quel moyen! Oh! qui est cette déesse?

– Une femme de chambre.

– Madona Santa! Il n'y a que dans notre pays que les femmes de chambre ressemblent à des marquises, à des duchesses, à des princesses!

Anselmo tapota gentiment l'épaule du policier :

– Doucement, l'ami, doucement! Vous arrivez dans la course alors que tous les tickets ont été distribués.

– Ah?

– Aucune chance.

– Vous croyez?

– Regardez!

Le concierge montrait Josefina qui, accrochée au bureau de la réception, harcelait une fois de plus Fortunato. Le policier ne pouvait entendre ce que les deux jeunes gens se disaient, mais alangui, il les contemplait comme un Véronais admirerait Roméo et Juliette subitement sortis de leur tombe fictive et se promenant dans la via Mazzini. L'inspecteur était victime du sortilège de San Remo avec le parfum des fleurs emporté dans le vent, un soleil qui, prenant plaisir à illuminer les toits des maisons, transformait les taudis en palais et la mer dont le ressac chuinté imitait le bruit d'un immense baiser.

A la réception, on se montrait moins alangui.

– Ce n'est pas possible que toi, tu ne m'aimes pas, Fortunato, puisque tout le monde m'aime!

– Je t'aime comme une sœur.

– Ma qué! je me suis passée de frère jusqu'à maintenant, je m'en passerai encore! Je n'ai pas besoin d'un frère, mais d'un amoureux!

– Alors, adresse-toi ailleurs!

– C'est toi que je veux!

– Rien à faire.

– Et pourquoi?

– Parce que tu n'es pas mon type!

– Tu ne trouves pas que je suis jolie, hé?

– Tu es très jolie, Josefina.

– Et mes yeux? Qu'est-ce que tu en dis de mes yeux, Fortunato?

– Je ne crois pas en avoir vu d'aussi beaux.

– Tout de même! Et mon corps? Regarde ma poitrine, mes hanches, mes jambes! où en trouveras-tu une de mieux balancée que moi?

– Nulle part, seulement, tu n'es pas mon type.

– Par la Madone, ce que tu peux m'énerver! Qu'est-ce que c'est ton type?

– Une fille brune comme toi, des yeux moins beaux, mais plus doux, et surtout sans cette allure qui est la tienne, Josefina, et qui te fait souvent prendre, malheureusement, pour ce que tu n'es pas.

– Et où elle se cache cette merveille?

– Je n'en sais rien encore.

– Ma qué! Je vais te l'apprendre, moi, où il se trouve ton rêve ambulant! c'est la fille de cette grosse garce de Monteroni, l'épicière de la rue Vignale! L'Angela, une sainte-nitouche à qui on donnerait le bon Dieu sans confession et, si ça se trouve, c'est la plus dégoûtante des filles de San Remo!

– Il ne s'agit pas d'Angela.

– Qui, alors? tu le prononces le nom ou je t'arrache les yeux!

– Je l'ignore.

– Tu te fiches de moi par-dessus le marché, hé?

Sans plus attendre, Josefina se jeta toutes griffes sorties sur son amoureux récalcitrant. Anselmo dut se précipiter pour les séparer, à la surprise choquée d'un lot de voyageurs étrangers qu'un car venait de déverser sur le perron de *La Casa Grande*.

Le concierge empoigna brutalement Josefina et la tira en arrière :

– Tu es folle ou quoi?

– Fiche-moi la paix!

– Calme-toi immédiatement!

– Je n'ai pas d'ordre à recevoir de toi!

Anselmo la fixa dans les yeux et dit lentement :

– Personne encore ne s'est permis de me parler sur ce ton. Je t'avertis que ce n'est pas toi qui commenceras, Josefina.

Il n'avait pas crié. Il ne semblait même pas en colère et pourtant la jeune fille prit peur tout d'un coup sans savoir pourquoi et se retira. Le concierge confia à son neveu :

– Je vais la mettre au pas, celle-là, et sans tarder!

En voyant passer Josefina en larmes, Pietro fut bouleversé.

– Josefina mia, qu'est-ce qui t'arrive?

– Fiche-moi la paix, toi aussi! les hommes, vous êtes tous des dégoûtants!

– Ma qué! quelqu'un t'aurait-il manqué de respect?

– C'est plutôt le contraire! ce Fortunato, il est pire qu'une souche! par moments, j'en arrive à me demander si c'est un homme! Jamais il ne m'a embrassée!

– Un malade! D'ailleurs, cette famille des Marineo, elle ne vaut pas un clou! Fortunato, c'est rien! moins que rien! un pauvre petit bonhomme qui songe qu'à se dégoter une riche cliente pour vivre avec ses sous! un affreux, voilà ce qu'il est, ton Fortunato!

– Tu n'as pas honte, Pietro, de parler de cette façon d'un garçon qui te vaut mille fois?

– Mais tu viens de te plaindre que...

– J'ai le droit de dire ce que je veux de Fortunato, pas toi!

– Je t'aime, Josefina, tu le sais!

– Et alors? Tu serais le dernier homme sur la terre que je ne voudrais pas de toi! tu as compris?

– Prends garde, Josefina!

– A quoi veux-tu que je prenne garde, espèce de minable?

– Je ne te permettrai pas d'aimer ailleurs!

– Et comment tu m'en empêcheras?

– Avec ça!

Le liftier sortit un poignard de sa ceinture. Josefina contempla le poignard et doucement, presque tendrement, chuchota :

– Tu me tuerais pour de bon, Pietro?

– Je ne pourrais pas supporter l'idée de te savoir à un autre...

– Alors, c'est peut-être l'autre qu'il vaudrait mieux tuer, hé?

– Si tu me le demandes, je le ferai!

– Sur ta foi?

– Sur ma foi!

Le policier surgit à côté des deux jeunes gens.

– Donnez-moi ce couteau, je le confisque!

– Ma qué! je suis bien libre de...

– Remettez-moi ce poignard, sinon je me fâche pour de bon!

Pietro obéit en grognant tandis que Josefina s'écartait, méprisante.

– Et ça se prend pour un homme!

– Josefina...

Il s'apprêtait à la suivre, mais l'inspecteur l'arrêta.

– Vous êtes fou? Vous ne vous rendez pas compte qu'elle ne vous aime pas? On ne force pas le cœur des filles, voyons! Laissez-la tranquille! Aucune fille ne mérite qu'on se désespère pour elle et encore moins qu'on aille en prison.

– Pourquoi en prison?

– Je vous ai entendu tout à l'heure affirmer que vous tueriez, le cas échéant, celui qu'elle vous désignerait. Alors, je vous dis : prenez garde!

– Et moi, vous savez ce que je vous dis?

– D'accord! Un conseil, toutefois : je vous ai à l'œil, tâchez de marcher droit, parce qu'au moindre faux pas, je vous embarque!

Pendant ce temps, Anselmo avait rattrapé Josefina.

– Pourquoi affoles-tu ce malheureux Pietro?

– Il m'embête! vous m'embêtez tous!

– Moi aussi?

– Toi aussi!

– Qu'est-ce que tu te figures donc?

– Je n'ai rien à me figurer! Si tu t'imagines que je ne comprends pas ce qu'ils racontent tes yeux et tes mains qui traînent toujours là où elles n'ont que faire! Je reconnais ton pas, la nuit, lorsque tu passes devant la porte de ma chambre. Mais je n'oublie jamais de la fermer à clé!

– Tant pis, Josefina. Tu l'auras voulu et puisque tu le prends sur ce ton, je me rends auprès de don Pasquale pour lui annoncer que tu deviens un danger pour *La Casa Grande*!

Josefina eut un geste vulgaire pour bien montrer le cas qu'elle faisait du directeur et précisa sa pensée :

– Don Pasquale, s'il court aussi vite que je l'enquiquine, il a une chance aux Jeux Olympiques.

Don Pasquale, à qui le concierge avait rapporté l'opinion de Josefina sur son compte, était parti se plaindre à donna Imperia qui avait convoqué la jeune fille. De toutes les personnes travaillant à *La Casa Grande*, la mamma de Fortunato était la seule qui intimidait la turbulente enfant des Pamparato. Assise devant la gouvernante, les mains jointes sur ses genoux, elle attendait l'algarade. Mais Imperia la déconcerta par une remarque préliminaire qui n'avait rien à voir avec la situation.

– Je n'aurais jamais cru que tu te fasses aussi jolie... Seulement, ce n'est pas une raison pour te rendre insupportable !

– Mais...

– Tais-toi ! Mon frère m'a parlé.

– Oh ! celui-là !

– Attention, Josefina ! C'est mon frère !

– Votre frère, donna Imperia, est tout de même un cochon comme les autres ! Il est toujours à essayer de me tripoter, à me chuchoter des propositions dégoûtantes et la nuit, il vient rôder devant ma porte dans l'espoir que je la lui ouvrirais !

– Je parlerai à Anselmo... Permets-moi de te dire que si tu te montrais un peu moins provocante, les hommes te courraient moins après ! Tu récoltes ce que tu sèmes, ma fille ! Quel besoin as-tu chaque matin de passer dans le hall, histoire de te dandiner sous les yeux des garçons ? Tu estimes que c'est se comporter en jeune fille comme il faut ? Tu as bonne mine de venir t'étonner, après ça, qu'on te manque de respect ?

– Je m'y rends juste pour voir Fortunato.

– Et qu'est-ce que tu lui veux à mon fils ?

– Je l'aime !

– Tu l'aimes ? Et de quel droit tu te permets de l'aimer ?

– On n'a pas besoin de permission pour aimer, donna Imperia. J'aime Fortunato.

– Depuis longtemps ?

– Depuis toujours !

– Et lui ?

Au lieu de répondre, Josefina fondit en larmes.

– Je vois... Il ne t'aime pas?

La petite secoua sa tête brune, gardant le visage dans son mouchoir.

– Ecoute-moi, Josefina... Il ne faut jamais rêver au-dessus de ses moyens. Fortunato est appelé à autre chose qu'à devenir l'époux de la fille d'un mauvais cuisinier.

Ravalant ses larmes, la signora Pamparato prit la défense de l'honneur paternel.

– Mon père? Il n'y a pas meilleur cuisinier sur toute la Côte!

– Vous êtes donc deux à le croire!

– C'est une calomnie!

– En tout cas, ce gâte-sauce n'entrera jamais dans ma famille, fût-ce par personne interposée, tiens-le-toi pour dit!

– J'irai me plaindre auprès de don Pasquale! vous n'avez pas le droit de...

– Fiche-lui la paix à ce pauvre don Pasquale! Si je n'étais pas là, je crois qu'il serait parti se réfugier dans un couvent! La mort de Luigi Margone lui a fichu un coup terrible... Il se juge déshonoré. Maintenant, retire-toi, Josefina, et laisse Fortunato tranquille, sinon prends garde!

Partagée entre la colère et le désespoir, Josefina voulut aller se confier à sa mère, mais sur son chemin, elle se heurta à l'inspecteur Paolo Coni.

– Où courez-vous si vite?

– Je n'ai pas à vous l'apprendre!

– Oh! que si! Car figurez-vous que, moi, j'ai à vous parler.

– A moi?

– A vous. Alors si vous voulez bien me suivre dans la chambre que le directeur a mis à notre disposition?

Quand ils eurent pris place sur les sièges de cette pièce de luxe, le policier ouvrit le débat :

– Vous avez de la peine, signorina? de la peine ou... du remords?

– Qu'est-ce que vous me racontez?

– Signorina, je ne suis qu'un inspecteur de police, c'est vrai, mais je n'en suis pas stupide pour autant... Quoi qu'en puisse penser le commissaire Prizzi, il n'est pas forcément le seul à avoir raison!

– Ma qué! qu'est-ce que vous voulez que cela me fasse, vos histoires avec votre patron?

– Vous y avez votre place, signorina.

– Ça ne va pas mieux?

Le policier prit un petit air suffisant.

– J'ai l'impression, au contraire, que tout va de mieux en mieux!

– Pour qui?

– Pour moi, hé... Je ne crois pas, signorina, que Luigi Margone ait été assassiné pour un trafic de drogue.

– Ah?

– Je penche beaucoup plus pour une histoire d'amour... Vous étiez sa maîtresse?

– Vous tenez à ce que je vous colle ma main sur la figure?

– Une plaisanterie qui vous coûterait très cher, signorina! Je suis quelqu'un, vous savez!

– Vous êtes surtout un imbécile! Moi, la maîtresse de Margone, non mais vous ne m'avez pas regardée? ma qué! pour qui vous me prenez, hé?

– Pour une jolie fille qui fait tourner les têtes pas trop solides... Celle du nommé Pietro Laci, par exemple?

– Oh! celui-là, c'est un casse-pieds!

– Un casse-pieds jaloux peut se transformer en assassin, ma belle.

– Alors, Pietro aurait pendu Margone parce qu'il était jaloux? Si je n'avais pas tant de chagrin, vous me donneriez envie de rire!

– Parce que vous ne connaissiez pas Margone?

– Bien sûr que si! Il était même très gentil avec moi... Et puis, tout ça ne vous regarde pas! Au plaisir de ne plus vous revoir!

– Je crains fort, signorina, que ce soit là un plaisir que vous n'êtes pas près de goûter. Lorsque Paolo Coni est sur une piste, personne ne peut l'en écarter et à mon avis, la piste du meurtrier de Luigi Margone passe par vous.

– Idiot!

Josefina s'en fut en courant, se réfugier dans le giron maternel où elle déposa le fardeau qui l'écrasait. Elle conta de quelle façon donna Imperia l'avait traitée et son mépris, ensuite elle parla du policier qui l'avait insultée. Albertina Pamparato souffrait trop de l'autoritarisme conjugal pour permettre que d'autres prétendissent lui imposer leur volonté.

– Ma qué, pour qui elle se prend, cette Imperia, hé? Elle n'est jamais que la veuve d'un cuisinier, hé? Mais toi, il a fallu que tu t'amouraches de ce prétentieux de Fortunato qui n'est pas digne de t'enlever les chaussures! Tu pouvais trouver qui tu voulais et tu cours après le seul qui n'est pas digne de toi! Avoue que tu es un peu tordue, ma pauvre enfant!

– Je l'aime, mamma mia!

– Tu l'aimes! tu l'aimes! si tu pouvais te regarder quand tu dis ça, tu te rendrais compte à quel point tu as l'air idiot! Tu vas me faire le plaisir de ne plus y penser, à ce Fortunato du diable!

– Ce n'est pas possible, maman!

– Je te montrerai, moi, si ce n'est pas possible! Ta tante Celestina est malade. Tu boucles tout de suite ta valise et tu files passer quinze jours auprès d'elle, à Padoue.

– Mais, Fortunato...

– Je m'en occupe! Quant au policier qui t'a manqué de respect, c'est ton père qui s'en occupera!

Josefina était si malheureuse qu'elle monta directement dans sa chambre pour obéir aux ordres maternels pendant qu'Albertina se rendait chez la gouvernante.

– Donna Imperia, je viens de décider d'envoyer ma fille chez sa tante de Padoue. Je suis venue vous en avertir.

– M'en avertir ou m'en demander l'autorisation?

– Vous en avertir suffit puisque vous serez la première à approuver le départ de Josefina, à cause de votre fils, cette merveille du monde!

– J'aimerais assez, Albertina, que vous ne vous moquiez pas de Fortunato.

– Vous souhaiteriez peut-être que je chante les louanges de ce monstre qui est en train de tuer mon enfant à petit feu?

– Josefina n'avait qu'à ne pas lever les yeux sur lui.

– Ma qué! qu'est-ce qu'il est donc ce garçon? de quelle race sort-il? C'est un dieu ou quoi?

Donna Imperia foudroya l'insolente du regard.

– C'est mon fils! et plus encore le fils d'Alfredo Marineo, le cuisinier génial, l'artiste incomparable! alors qu'est-ce qu'il a à voir avec la fille d'un chef tout juste bon à préparer la soupe pour les clochards de l'Armée du Salut?

– Oh!

Sous le choc, Albertina, manquant s'évanouir, se laissa tomber sur une chaise. La gouvernante lui tendit un verre d'alcool pour la remettre, mais la signora Pamparato repoussa l'offre.

– Je ne pense pas être digne de boire dans le verre de la veuve de l'illustrissime Marineo et la mère du non-pareil Fortunato! Ma qué! je vous avertis, donna Imperia, si votre garçon fait mourir ma petite de chagrin, je lui tordrai le cou moi-même!

Abandonnant donna Imperia avant que cette dernière n'ait eu le temps de répondre à l'ultime menace, Albertina se précipita vers la cuisine.

Le commissaire Prizzi, un homme grand et maigre, était milanais. Il avait hérité de ses ancêtres lombards le goût du travail acharné et une sorte de froideur naturelle qui tranchait avec la jovialité et le bagout de son adjoint, l'inspecteur Coni, un Gênois qui se prenait pour un esprit hors pair et un policier extraordinairement doué. Prizzi avait la réputation de ne jamais abandonner l'affaire sur laquelle on l'avait mis jusqu'au jour où il était en mesure d'en apporter la solution à ses chefs. Pour lui, la mort de Luigi Margone demeurait un mystère qu'il s'acharnait à éclaircir. Si l'homme se sachant coupable et affolé par la convocation de la police s'était pendu, il aurait trouvé cela normal. Mais on l'avait pendu... Qui? et pourquoi?

Tous les jours, le commissaire venait passer une heure ou deux à *La Casa Grande* où il se montrait assez discret pour que, à part le personnel, nul ne pût soupçonner son état. Il était en train de mettre au net ses observations lorsque la porte de la chambre s'ouvrit et la gigantesque silhouette de Ludovico Pamparato s'encadra sur le seuil. Le commissaire s'affirmait jaloux de son autorité, et ce fut d'un ton très sec qu'il remarqua :

– Vous auriez pu frapper, non?

– Pas quand l'honneur de ma fille est en jeu!

– Qu'est-ce que vous nous chantez là?

Le cuisinier tendit un doigt accusateur en direction de Coni.

– Demandez-le à cet individu sans pudeur!

On s'expliqua. Le commissaire assura Pamparato que sa fille avait dû mal comprendre les intentions de l'inspecteur qui n'avaient pour but que la recherche de la vérité.

– Ce n'est pas une raison, signor commissaire, pour traiter la fille de Pamparato comme une moins que rien!

– Présentez vos excuses au signor Pamparato, Coni.

Le policier hésita, mais il savait qu'il était préférable de ne pas désobéir à Prizzi. Il s'excusa donc auprès du cuisinier, assurant qu'il devait s'agir d'un malentendu.

– Je l'espère pour vous, signore, sinon je ne donnerais pas cher de votre peau.

Et il sortit, superbe.

– Combien de fois, Coni, vous ai-je demandé de ne pas prendre d'initiative?

– Ma qué! je suis inspecteur de police, hé?

– Vous êtes surtout un crétin, Coni! Encore une démarche de cette sorte et je vous promets que vous quittez San Remo dans les vingt-quatre heures!

Le départ de Josefina Pamparato avait mis comme un voile gris sur tous les visages du personnel de *La Casa Grande*, sauf sur celui de donna Imperia, très au-dessus de ces faiblesses, et sur celui de don Pasquale trop occupé par ses propres problèmes pour se soucier de ceux des autres.

Dans cette grisaille, l'arrivée des trois jeunes Anglaises ressembla à une aube ensoleillée chassant les ombres de la nuit. Prévenu par le consul, don Pasquale accueillit les petites étrangères, les félicita d'avoir appris la langue italienne – la mieux faite pour l'amour et le chant – et les assura qu'il mettrait tout en œuvre pour rendre leur séjour le plus agréable possible. Si les trois insulaires se félicitaient d'avoir étudié l'italien, Fortunato, Pietro et Enrico remerciaient le Ciel de les avoir orientés sur l'anglais plutôt que sur l'allemand. En vérité, du moment où il avait tendu la clé de sa chambre à

Susan Radstock, Fortunato avait compris qu'il se trouvait en présence de la femme de sa vie. Enrico, oubliant ses amours éphémères et ses amoureuses volages, avait envie de tomber à genoux devant la frêle Mary Jane pour lui jurer qu'il ne cesserait de l'aimer qu'à son dernier souffle. Quant à la hargne chronique de Pietro, elle céda un peu devant le sourire de cette Tessa qui lui parut ressembler à Diane telle qu'il se la représentait et il convint – en lui-même – que si quelqu'une devait lui faire oublier Josefina – hypothèse invraisemblable – ce serait celle-là et pas une autre. Donna Imperia, avertie par son fils, observa cette Susan et admit qu'elle avait bonne façon.

Durant les trois ou quatre premiers jours de leur présence à San Remo, les Anglaises se gorgèrent de soleil, de lumière et de chansons. Elles étaient heureuses d'une espèce de bonheur animal. Elles goûtaient ces joies inconnues de leurs compatriotes sédentaires : la mer tiède, la température chaude, le ciel bleu, la gaieté, le plaisir de vivre. Elles passaient le plus clair de leur temps sur la plage et entre deux plongeons s'entretenaient des Italiens tels qu'elles croyaient – avec la belle fatuité de la jeunesse – pouvoir les juger après moins d'une semaine de séjour. Susan ne cachait pas que le réceptionniste de *La Casa Grande* lui plaisait infiniment. Elle le trouvait beau. Mary Jane s'attendrissait sur l'espèce de dévotion que lui témoignait Enrico, le chef des grooms. Il la faisait penser à Romeo qui, disait-elle, devait avoir les mêmes yeux lorsque de la rue, il contemplait Juliette sur son balcon. Quant à Tessa, elle trouvait l'homme de l'ascenseur assez à son goût quoique un peu mince et ne rappelant que de fort loin la stature de Laurent le Magnifique, du moins comme elle se le représentait.

La présence rayonnante des petites Anglaises avait effacé le regret de l'absence de Josefina dans la plupart des cœurs masculins. Seul, Pietro, l'amoureux inconditionnel de la fille des Pamparato, enrageait de cette ingratitude qu'il tenait pour monstrueuse. Il s'en ouvrit au concierge qui lui conseilla d'oublier Josefina. Pietro secoua la tête :

– Ce n'est pas possible, Anselmo. Josefina, c'est ma chair, mon sang, l'air que je respire... Je ne pourrai jamais vivre sans elle.

– Ma qué! puisqu'elle ne t'aime pas?

– Elle finira par m'aimer, j'en suis sûr, le jour où elle constatera que je suis le seul à lui être fidèle... Regarde Fortunato tourner autour de sa buveuse de thé.

– Elle n'est pas mal.

– Elle est loin de valoir Josefina!

– C'est une opinion.

– Alors, toi aussi, Anselmo, tu trahirais les filles de chez nous?

– Pour ce genre de trahison, Pietro, je suis toujours disponible.

– Alors, tu ne vaux pas mieux que les autres!

Le commissaire Prizzi avait une épouse ambitieuse qui souhaitait voir son mari nommé à Milan. Pour cela, il fallait qu'il s'imposât à l'attention de ses chefs, de la presse et donc du ministre. C'est pourquoi, dans toute la mesure de ses moyens, elle le secondait, au cours des tâches qu'il entreprenait, allant jusqu'à conduire de petites enquêtes privées sur les gens que son mari soupçonnait. Prizzi estimait qu'elle lui apportait une aide beaucoup plus grande que l'inspecteur Coni dont on riait dans les cafés et bars de San Remo.

Eleonora Prizzi était de Pavie et, comme il se doit, méprisait tous les Italiens qui n'étaient pas nés Lombards ou Piémontais. Elle les tenait pour des sangsues se gorgeant du sang des travailleurs du Nord. Elle était tellement chauvine qu'elle n'acceptait sur sa table que des plats typiquement lombards et, ce soir-là, elle avait régalé son mari de spaghetti à la carbonara et d'une poitrine de veau farcie, le tout arrosé d'un vin blanc de Montevecchia. Prizzi partageait tous les goûts de sa femme et ses aversions. Pour elle, le criminel qui échappait à son époux chargé de l'arrêter se conduisait ainsi malignement dans la seule intention d'arrêter l'avancement du commissaire. Après le dîner, Prizzi avait accoutumé de s'installer dans son fauteuil et de fumer un cigare (le seul qu'il se permettait de la journée) en dégustant un petit verre de Nocino piémontais. Eleonora se plaisait à prendre place sur le canapé et à tricoter tout en conversant avec celui qu'elle tenait pour le plus intelligent policier de toute l'Italie.

– Massimo..., où en est ton histoire de *La Casa Grande*?

– Je patauge, amor mio.

– Je ne te crois pas, douceur de mon âme... Je suis sûre que tu réfléchis...

– Je ne fais que ça, figure-toi!

– ... et que tout d'un coup, tu vas nous dire : voilà la solution!

Le policier soupira :

– J'aimerais avoir ta foi, Eleonora...

– Si tu m'aimais comme je t'aime, tu l'aurais... Allez, raconte-moi.

L'ordre ne déplaisait pas à Massimo qui trouvait là l'occasion de faire le point.

– Il y a une douzaine de jours, un transporteur de drogue, Umberto Grezzana, que nous avions à l'œil depuis pas mal de temps, est arrêté, les poches pleines de sachets de cocaïne. Naturellement, on lui joue le scénario habituel : tu n'es qu'un petit, un obscur, ce qu'il nous faut ce sont les gros. Parle et on t'oubliera. Mais il ne connaît personne sauf celui qui lui remet les paquets à un endroit dont ils conviennent par téléphone le mardi ou le jeudi entre 17 et 18 h. Un policier vit avec notre prisonnier durant ces jours-là et le jeudi à 17 h 45 le mystérieux correspondant annonce à Umberto qu'il le rencontrera à 20 heures aux Jardins Vittoria Veneto. Notre homme y va, reçoit les paquets, nous rejoint pendant que nous filons le ravitailleur. On le voit entrer à *La Casa Grande.* On se renseigne et on apprend qu'il s'agit du sous-directeur. Le lendemain, je lui envoie une convocation pour venir s'entretenir avec moi d'une histoire qui l'intéresserait. Je l'attends en vain pendant tout le vendredi et au matin suivant, je me rends à *La Casa Grande* où je suis mis en présence du cadavre de Margone. A-t-il deviné qu'il était suivi? ma convocation a-t-elle fini de l'affoler? J'ai cru qu'il s'était suicidé pour échapper à la justice. Mais l'autopsie révèle qu'il n'avait pu se pendre lui-même. Il avait donc un complice dans l'hôtel ou au-dehors qui, le jugeant aux abois et sans doute prêt à trahir la bande, l'élimine. Voilà où nous en sommes et, pour le moment, je ne vois pas de quelle façon on pourrait aller plus loin.

– Massimo, ce Margone, il avait des besoins d'argent?

– Faut croire... Non, Eleonora, ne dramatise pas. Les femmes étaient absentes de la vie de cette canaille qui semblait n'avoir qu'une passion : le jeu. Renseignements pris, il paraît qu'au cours de ces derniers mois il a perdu beaucoup sur toutes les tables de jeu de San Remo.

– Qu'est-ce que tu penses, toi, Massimo mio?

– Je pense, ma colombe, que ce type a été tué par quelqu'un venu de l'extérieur et qui l'a rejoint dans sa chambre. Rien de plus facile que d'entrer et de sortir d'un hôtel comme *La Casa Grande,* ou bien... la bande à laquelle appartenait Margone est installée à l'intérieur de l'hôtel.

– Tu estimes une pareille chose possible?
– Pourquoi pas?
– Et tu soupçonnes?...
– Ma qué! tout le monde et personne, ma chérie. Conviens cependant que l'affaire s'éclaircirait en vitesse si la bande était cachée au cœur de *La Casa Grande*.
– Evidemment... Toutefois, cela me paraît un peu énorme, hé?
– Peut-être que oui et peut-être que non.
– J'ai l'impression que si je connaissais le personnel je réussirais vite à trier ceux qui sont susceptibles de commettre un crime!
– Illusion, Eleonora mia! Les assassins ont la tête de tout le monde sinon le métier ne trouverait plus d'amateurs! A l'hôtel, tu peux tous les prendre pour des canailles astucieuses, mais tu pourrais jurer également qu'il n'y a pas plus braves gens.
– Et Coni?
– Tu le connais! il court à droite et à gauche! il irrite, il scandalise, il est obligé de s'excuser... Je ne vais pas tarder à être dans l'obligation de m'en débarrasser, il est tellement maladroit!
Rompant avec ses habitudes, Prizzi s'offrit un second petit verre de Nocino. Cette entorse à sa manière de vivre démontrait l'embarras où il se trouvait. Sa femme aurait tant voulu l'aider mais de quelle façon? Elle refusait d'envisager un échec qui reporterait une fois de plus, dans un avenir imprécis, la date de leur retour triomphal à Milan.
– Massimo, d'ordinaire, tu ne te laisses pas abattre! Réagis, je t'en prie, pour la Justice et pour moi, hé?
– Ma qué! La justice, je la respecte tandis que toi, je t'aime!
Elle roucoula. Il y avait maintenant une quinzaine d'années qu'ils étaient mariés et Massimo se montrait toujours aussi galant envers sa femme. Sans

doute, y avait-il des moments où elle se demandait s'il ne lui jouait pas un peu la comédie... mais elle avait la sagesse de ne pas pousser trop loin ses investigations dans ce domaine.

– Parmi ces hommes et ces femmes que tu vois presque tous les jours, il n'y en a pas un qui a l'air de vouloir cacher quelque chose?

– Ça dépend des heures... S'il fait beau, je lis sur les visages la marque d'une innocence indiscutable et si, par hasard, le soleil disparaît, je leur découvre des mines patibulaires que dissimulent mal des jovialités de commande!

– Massimo, tu te moques de moi!

– Pas du tout! la vérité est que je ne sais à qui m'attacher pour en faire un coupable ou l'innocenter! A ce trop beau concierge toujours perdu dans d'infinis conciliabules avec toutes sortes de clients et dont le sourire peut souligner une complicité de chaque instant? A ce directeur qui ressemble à une pintade affolée par l'apparition de l'oiseau de proie et dont les allures inquiètes, les gestes maladroits pourraient être la meilleure des couvertures? A cette donna Imperia si majestueuse, si imprégnée de sa grandeur que la regarder lui est injure insoutenable? Peut-on interroger une femme d'une telle classe sans révolutionner le monde de l'hôtellerie? Et le chef, est-il ce prodigieux imbécile qu'il paraît être ou joue-t-il un personnage difficile? Et sa charmante, trop charmante fille Josefina à qui pas un homme n'oserait refuser quoi que ce soit, même pas de lui acheter un peu de drogue? Autour d'elle, à *La Casa Grande*, l'élément mâle est tellement subjugué par sa beauté et ses allures provocantes qu'elle pourrait les transformer – si elle le voulait – en courtiers en héroïne ou cocaïne. Il y a encore le réceptionniste qui m'a l'air plus déluré que tous ses collègues réunis sauf le concierge qui, comme par hasard, est son oncle! Je te citerai aussi le liftier, un garçon farouche que Coni a surpris menaçant de tuer je ne sais plus qui. Il est amoureux de Josefina et exécuterait tous ses ordres y compris les plus sanguinaires. Il n'est pas jusqu'au larmoyant Enrico, responsable des grooms, dont personne n'aurait l'idée de se méfier et qui pourrait donc se livrer en toute quiétude à n'importe quel trafic. J'ajouterai, Eleonora, que tous sont sans doute de très honnêtes gens et qu'il me faut sans doute chercher les complices et le meurtrier de Margone, ailleurs qu'à l'hôtel.

Le compte rendu de son Massimo avait fortement déprimé Eleonora et elle se coucha en pensant que ce ne serait pas encore demain qu'elle serait appelée à se mettre en quête d'un appartement à Milan.

D'abord très réticentes, facilement choquées, les trois Anglaises avaient fini par sortir de leur réserve traditionnelle et anachronique pour se laisser emporter par le courant tumultueux d'une existence dont elles ne savaient rien avant de débarquer à San Remo. Filles de petite condition, elles n'ambitionnaient pas de tourner la tête à des princes italiens et la tendre amitié de garçons à peu près de leur milieu satisfaisait leur besoin de rêves. Susan s'attardait un peu plus chaque soir à la réception. Mary Jane se sentait de plus en plus encline à consoler l'inépuisable mélancolie d'Enrico. Seule, Tessa échouait avec Pietro qui ne sortait pas d'une indifférence polie. Elle se piquait au jeu et jurait qu'elle viendrait à bout d'une froideur qui s'avérait une humiliation aussi bien pour elle que pour le Royaume-Uni.

Enrico et Fortunato ayant décidé de prendre ensemble leur jour de congé hebdomadaire pour emmener Susan et Mary Jane respirer parmi les oliviers au Monte Bignone, restait le problème de

Tessa. Pietro se fit longuement tirer l'oreille pour accepter d'accompagner ses amis. Il protestait que si Josefina, à son retour, apprenait qu'il était sorti avec une autre, elle ne voudrait plus l'écouter. Ce à quoi, Fortunato répliquait qu'au contraire si Josefina savait qu'une fille s'intéressait à Pietro, elle deviendrait jalouse et s'efforcerait de reconquérir la première place. Ce dernier argument ouvrait de si riantes perspectives au liftier qu'il accepta et, dans une belle matinée pleine de soleil, les Anglaises firent connaissance avec les oliviers. Spontanément, trois couples s'étaient formés et tendaient à se perdre, mais Pietro le hargneux ramenait dans le bon chemin ceux qui risquaient de s'égarer, et en ricanant des déceptions qu'il imaginait. En fin de compte, et après qu'ils eurent, à la façon des bergers de l'antique Italie, mangé leurs provisions parmi les arbres, ils s'écartèrent et Pietro, assis tout près de Tessa, commentait avec ironie les faits et gestes de ses compatriotes malheureusement trop loin pour qu'il puisse aussi moquer leur discours.

Enrico expliquait à Mary Jane sa passion du foyer et des bambini. Il jurait qu'il n'avait jamais rencontré une fille aussi jolie qu'elle. Il affirmait que maintenant il ne pourrait plus l'oublier et que la seule idée de son départ lui donnait des idées de suicide. Ce à quoi la petite Anglaise, plus rationnelle, mais émue, répondait qu'il ne fallait pas prendre trop au sérieux un flirt de vacances. Enrico se récriait et déclarait que le plus bel instant de sa vie serait, sans aucun doute, celui où il pourrait embrasser Mary Jane. Elle aussi avait bien envie de l'embrasser, mais toute une tradition puritaine la paralysait et ouvrait sous ses yeux les portes de l'enfer. Elle se défendait :

– Je n'ai jamais encore embrassé de garçon...

– Je l'espère bien! mais moi, je ne suis pas comme les autres!

– Qu'avez-vous donc de si différent?

– Je vous aime!

– C'est facile à dire!

– Embrassez-moi et vous verrez si je vous aime ou non!

– Mon fiancé sera le premier homme que j'embrasserai.

– Mais je ne demande pas mieux que d'être votre fiancé!

– Vous m'épouseriez pour de bon?

– Demain, si vous voulez!

– Vous abandonneriez ce pays, la mer, le soleil pour venir habiter Londres?

– J'irais n'importe où puisque vous y seriez avec moi!

Alors, Mary Jane consentit à embrasser Enrico Valmesta et lui promit de devenir sa femme.

Fortunato traitait Susan de façon moins naïve. Il avait commencé par lui dépeindre le désert qu'était son existence parce qu'à vingt-six ans, il n'avait pas encore rencontré celle avec qui il ferait sa vie. Il commençait à désespérer lorsque Susan était apparue et il avait compris que ce serait celle-là ou point. Miss Radstock se révélait d'esprit plus positif que Mary Jane.

– Vous prétendez que vous m'aimez, Fortunato... et pourtant, il y a si peu de temps que nous nous connaissons...

– Erreur! je vous connais depuis que vous êtes née, parce que vous êtes celle que j'attendais, celle à cause de qui aucune fille n'a pu trouver le chemin de mon cœur.

– Quand vous déclarez m'aimer, cela signifie quoi, Fortunato?

– Ma qué! que je vous aime!

– Au point de m'épouser?

– Tout de suite!

– Et de venir vivre à Londres où il n'y a pratiquement jamais de soleil ni de ciel bleu?

– Partout où tu seras, amor mio, il y aura du soleil et du bleu dans mon cœur.

Jamais on n'avait parlé ainsi à Susan. Elle se laissa aller dans les bras du fils d'Imperia.

En regardant les deux couples amis bavarder et s'étreindre, Tessa avait la gorge un peu sèche tandis que Pietro ironisait :

– Non, mais visez-moi un peu ces faiseurs de chichis! Comme s'il y avait besoin de perdre son temps en préliminaires aussi inutiles!

Tessa, qui s'était mise à genoux pour mieux voir ce que fabriquaient Mary Jane et Enrico un peu trop dissimulés à son goût, s'enquit :

– De quelle façon vous y prendriez-vous donc, vous, Pietro?

En réponse, Tessa sentit une main se poser, caressante, sur ce qui sert aux Anglaises pour s'asseoir, mais que pour rien au monde, elles n'oseraient nommer. Le rouge de la honte envahit d'un coup le visage de miss Gillengham. Elle se dressa d'un bond, se pencha sur Pietro qu'elle attrapa par les revers de sa veste et, mettant en œuvre ses solides connaissances en judo, envoya son partenaire se promener dans les airs avant de retomber douloureusement sur les cailloux d'un terrain ingrat. Les autres s'étaient relevés pour mieux jouir du spectacle. Quant à Laci, il ne savait plus ce qui lui arrivait. Sous une pluie de coups à laquelle il n'échappait que pour se retrouver dans l'espace et à nouveau sur le sol, il gémissait, incompréhensif, dérouté, meurtri. Finalement, il s'abandonna à son sort et sa belle imagination italienne lui soufflant qu'il pouvait bien être en train de vivre ses derniers moments, des larmes coulèrent sur ses joues empoussiérées, tant il déplorait la disparition prématurée d'un garçon qu'il estimait paré de toutes les qualités. Ces larmes silencieuses eurent un effet extraordinaire sur Tessa. Ce qu'il y avait de féminin en elle fondit dans une délicieuse angoisse et, s'agenouillant près du vaincu, elle lui passa la main sous la nuque afin de lui redresser la tête et de l'embrasser longuement sur les lèvres. Un peu surpris, Pietro se laissa faire, puis, trouvant goût à la chose, répondit ardemment et il fallut que leurs amis intervinssent pour que les choses n'allassent pas plus loin qu'il ne le fallait. En retournant vers San Remo et *La Casa Grande*, Pietro estimait que, finalement, Tessa n'était pas désagréable et sûrement beaucoup moins capricieuse que Josefina.

C'est ainsi que des trois jeunes Italiens étant allés manger sur l'herbe et sous les oliviers avec trois petites Anglaises, deux s'en revinrent fiancés et assez amoureux pour décider d'abandonner la lumière de la Riviera transalpine au profit de la grisaille londonienne. A San Remo comme ailleurs, l'amour fait perdre le bon sens.

A partir de cette mémorable promenade, *La Casa Grande* devint pour certains une annexe du paradis. Susan fut agréée par donna Imperia sur sa bonne mine et grâce aussi à sa position de fonctionnaire de la Couronne. La gouvernante eut le cœur un peu serré en songeant que son Fortunato vivrait loin d'elle et qu'elle ne verrait pas tous les jours ses futurs petits-enfants, mais on promit de venir passer un mois chaque année à *La Casa Grande* et de recevoir la mamma durant ses vacances. Le directeur estima que ces fiançailles seraient une excellente réclame pour sa maison. Anselmo déclara hautement que ces garçons étaient tous fous et ne s'occupa pas plus d'eux qu'il ne s'en occupait avant. Seuls les Pamparato boudèrent, surtout Albertina qui se demandait comment allait réagir Josefina en apprenant que Fortunato lui échappait. Elle lui écrivit pour le savoir.

Elle le sut très vite et, avec elle, tous ceux qui vivaient à *La Casa Grande*. Quarante-huit heures après qu'Albertina eut envoyé sa lettre, Josefina arrivait à l'hôtel, la narine frémissante, l'œil chargé d'éclairs. Sans même honorer Anselmo d'un regard, elle fonça à la réception et, à toute volée, gifla Fortunato qui en resta sidéré, en présence d'une clientèle scandalisée ou amusée selon qu'elle se trouvait depuis longtemps ou non en Italie. Avant que le fils d'Imperia soit revenu de sa surprise, Josefina hurlait :

– Tu l'as trouvé ton type à ce qu'il paraît, espèce de suborneur? Et où est-elle cette Anglaise du diable, que je lui arrache les yeux?

Les clients relevant de Sa Majesté britannique commencèrent à grogner et don Pasquale, prévenu, surgit à côté de la furieuse.

– Tu n'as pas honte, Josefina? Tu veux que je vous fasse expulser par la police, toi et ta famille?

– Vous n'oseriez pas!

– Tu tiens à le voir?

Le directeur parlait sur un ton tel que Josefina comprit qu'il ne plaisantait pas et se calma. Malheureusement, au moment où la paix revenait, Susan, Tessa et Mary Jane rentrant de promenade se présentèrent à la réception et Susan, tout bonnement, embrassa Fortunato. A ce baiser fit écho un hurlement de tigresse.

– C'est elle, hé?

Griffes en avant, la signorina Pamparato se précipita sur miss Radstock, mais cueillie d'un magnifique crochet du droit au menton, accompagné d'un très joli coup de genou dans le bas-ventre, Josefina s'aplatit les bras en croix sur le parquet et ne bougea plus. Si dans l'ensemble, l'assistance était plutôt choquée, il y eut néanmoins quelques sportifs pour applaudir cette remarquable mise hors de combat. Fortunato, don Pasquale, Anselmo se précipitèrent pour faire cesser ce scandale encore jamais vu, mais la petite Anglaise, trop indignée par l'agression inattendue dont elle avait failli être victime, avait perdu son sang-froid. D'un très joli mouvement d'épaule suivi de quelques petits pas en arrière pour renforcer l'impulsion, Susan envoya Fortunato par-dessus son bureau s'aplatir sur le sol où il demeura, assommé. Don Pasquale ne pesa pas lourd entre les mains solides de Tessa et se retrouva nageant parmi les bagages de nouveaux arrivants. Pietro, qui espérait calmer son amie, encaissa un uppercut avec un coup de pointe de chaussure sur le tibia qui le fit hurler de douleur avant qu'il ne tombe assis sur le derrière, l'œil hagard et ayant visiblement perdu le sens. Lorsque le doux Enrico vit sa frêle Mary Jane se jeter sur le concierge, il crut que l'autre allait la casser en deux et il ferma les yeux. Une clameur les lui fit ouvrir juste à temps pour voir Anselmo et ses quatre-vingts kilos passer en vol plané au-dessus de sa banque et disparaître derrière en ne laissant voir qu'une jambe, coincée on ne pouvait deviner comment.

Tessa, tenant ses amies par les épaules, mélangea les pays dans sa fièvre patriotique et affirma :

– Nous avons revécu Waterloo!

Depuis la mort de Margone, Anselmo avait été promu ou mieux faisait fonction de sous-directeur en attendant que l'administration gênoise, propriétaire de l'hôtel, ait pourvu au remplacement du défunt. C'est donc en cette qualité que dans le bureau lui ayant été dévolu (il avait été momentanément remplacé à la conciergerie par Pietro, Enrico devenant liftier et s'occupant des grooms) il vit entrer Pamparato hors de lui.

– Alors, maintenant, on essaie d'anéantir ma famille?

– Du calme, Ludovico, du calme!

– Vous osez me demander de rester calme quand on assassine ma fille?

– Elle a simplement reçu la râclée qu'elle avait méritée.

– Si vous le prenez comme ça, je rends mon tablier!

– Je l'accepte. Vous devrez être parti ce soir, ainsi que votre femme et votre fille.

– Quoi? Vous acceptez mon départ? Vous oubliez que « le roi du pâté de lapin » est connu dans l'Italie tout entière?

– Je m'en fous.

– Ce n'est pas possible! Vous êtes malade?

– Oui, je suis malade, et à cause des Pamparato!

Anselmo se leva de son fauteuil et vint attraper Ludovico par l'épaule afin de lui parler dans le nez.

– Mets-toi dans la tête, espèce de grand imbécile, que nous en avons jusque-là des Pamparato! Toi, ton pâté de lapin, ta garce de fille et ton idiote de bonne femme, vous pouvez ficher le camp, aujourd'hui, personne ne vous regrettera! En tant que cuisinier, le premier apprenti te remplacera avantageusement, car tu cuisines comme un cochon, Ludovico, si tu veux mon avis! Maintenant, moi, je ne fais pas le clown et j'ai du travail. Alors, retourne à tes fourneaux ou monte boucler tes bagages. Décide-toi et sors d'ici!

Pamparato regarda Anselmo dans les yeux. Il était livide.

– Tu m'as insulté, Anselmo. Tu as insulté les miens. Tu as insulté mon savoir. Un jour, tu le paieras! Je le jure par sainte Réparate qui me protège depuis que je suis au monde. Eh bien! non, je ne partirai pas et on verra si tu auras l'audace de me mettre à la porte!

– Guignol, va!

Don Pasquale avait longtemps balancé pour décider si, oui ou non, il prierait les Anglaises de rentrer chez elles ou de chercher un autre gîte à San Remo, mais craignant d'ennuyer les hautes autorités qui avaient invité les Londoniennes, il préféra passer l'éponge, d'autant plus que les filles n'avaient guère plus d'une dizaine de jours à rester les hôtes de *La Casa Grande*. La magnanimité du directeur empêcha les vaincus de la bataille de montrer moins bonne figure. Susan et Fortunato s'étaient rabibochés, le second ayant juré à la première qu'il n'y avait absolument rien entre lui et Josefina qui le harcelait. Pietro, dégoûté par l'énergie dont avait fait preuve Tessa, lui battait froid et revenait à Josefina, qu'il espérait détacher définitivement de Fortunato. Quant à Enrico, il continuait à adorer Mary Jane à qui il découvrait tous les jours des qualités nouvelles dont l'art de se défendre n'était pas la moindre.

Un matin où, par exception, elle s'offrait la grasse matinée, Susan appela pour qu'on lui monte son breakfast dans sa chambre. A sa grande surprise, ce fut Josefina qui lui apporta le plateau. L'Anglaise répondit du bout des dents au « bonjour » de l'Italienne et, redoutant une attaque brusquée, se tint sur ses gardes. Soudain, alors qu'elle venait d'ouvrir les fenêtres et de tirer les rideaux, Josefina demanda :

– Miss... pourquoi voulez-vous nous prendre nos garçons ?

– Mais...

– Vous savez bien que ça ne pourra jamais marcher entre vous.

– Qu'en savez-vous?

Josefina montra le plateau du petit déjeuner.

– Jamais Fortunato ne pourra manger, en se levant, une aussi horrible chose que cette pâtée gluante que vous appelez porridge!

Susan comprit que, pour l'honneur du mythe de la gastronomie britannique, elle allait devoir se battre à nouveau. Déjà, elle posait pied à terre, bouillant d'une patriotique colère, lorsque Josefina fondit en larmes, ce qui coupa les velléités guerrières de miss Radstock. La fille d'Albertina reprit :

– Ma qué! qu'est-ce que je deviens, moi, dans tout ça, hé?

– Vous vous chercherez un autre fiancé!

– Et mon fils, il se cherchera un autre père, hé?

– Votre fils?

– Enfin, le bambino que je porte et dont Fortunato est le père.

– Oh!

Ce fut au tour de Susan de retomber sur son oreiller qu'elle inonda de ses larmes. Josefina quitta la chambre, satisfaite.

Vers 11 heures, Fortunato se sentait tellement heureux qu'il avait envie de prendre à témoin de son bonheur chaque client venant réclamer sa clef. Il se redressa et bomba le torse lorsque Susan, plus jolie que jamais, vint à lui et posa un paquet sur le bureau.

– Pour vous, darling.

Emu, il défit le paquet avec des gestes maladroits et béa de surprise devant la poupée en celluloïd qu'il découvrit.

– Pour moi?

– Plutôt pour votre enfant.

– Pardon?

– Pour le baby que Josefina porte et dont vous êtes le père!

– Mais... mais Susan, ce... ce n'est pas possible! qui... qui a pu vous raconter une chose pareille?

– Votre femme!

– Ma...

On serait venu annoncer à Fortunato que le Saint-Père l'avait choisi comme secrétaire particulier qu'il n'eût pas été plus abasourdi.

– Ma qué! de quelle femme s'agit-il?

– De Josefina! A moins que vous n'en ayez plusieurs? Vous ne vous étonnerez pas si, après cette révélation, je vous prie de préparer ma note? Je monte ranger mes affaires.

Susan se dirigea vers l'ascenseur sans que Fortunato ait eu le temps de réagir. Quand il le fit, ce fut pour se précipiter chez sa mère à laquelle il conta tout à trac ce qui venait de se passer et lui dit son désespoir de ne pouvoir se défendre contre les mensonges de Josefina. Sans répondre, donna Imperia se leva.

– Je vais régler ça!

Elle sortit et s'engagea dans l'ascenseur qui la conduisit jusqu'au dernier étage. Donna Imperia se dirigea vers une chambre qu'elle ouvrit sans se gêner. Josefina, en soutien-gorge et slip, poussa un léger cri d'effroi. Toujours silencieuse, la gouvernante rejoignit la jeune fille et lui flanqua deux maîtresses gifles. Sans élever la voix, elle demanda :

– Tu comprends pourquoi?

– Non!

Avant que la petite ait esquissé un geste de défense, elle recevait deux gifles de plus.

– La mémoire te revient-elle, Josefina?

– Je crois, oui...

– Alors, passe une robe et en vitesse, je suis occupée et je n'ai pas de temps à perdre.

Elle n'avait pas fini de faire descendre complètement sa robe que déjà donna Imperia, la remorquant en la tenant par le bras, l'entraînait vers l'ascenseur, descendait au deuxième étage, s'en allait frapper à une porte et pénétrait dans la chambre où Susan, pleurant toutes les larmes de son corps, mouillait les lainages qu'elle avait précautionneusement emportés et qu'elle empilait dans sa valise. D'un large mouvement d'épaule, donna Imperia précipita Josefina devant la petite Anglaise.

– Dis-lui!

Et la signorina Pamparato, terrifiée, confessa qu'elle n'attendait de bambino de personne et qu'il n'y avait jamais rien eu entre Fortunato et elle, sinon, de sa part, une grande tendresse qui n'était pas payée de retour. Susan fut tellement heureuse de cette mise au point qu'elle embrassa la coupable, lui donnant l'absolution et lui promettant son amitié.

Lorsque donna Imperia eut regagné son bureau en compagnie de son fils, elle confia à celui-ci :

– Ma qué! Tu vois que c'était simple? Aie toujours confiance dans ta mamma, figlio mio...

Pendant ce temps, d'une voix chevrotante de joie, Susan annonçait à Tessa et Mary Janne qu'elle ne partait plus et qu'elle aimait Fortunato plus que jamais.

Tel le chien courant qui a perdu la trace du gibier poursuivi, le commissaire Prizzi – ayant confié à l'inspecteur Coni le soin de mener l'enquête extérieure à *La Casa Grande* – errait dans tous les couloirs, coins et recoins de l'hôtel à la recherche d'un hypothétique coupable. Il s'introduisait dans les chambres pour y fureter, interrogeait les servantes, fouillait les placards et, en définitive, flanquait une sainte frousse à tout un chacun et chacune. Prizzi voulait que le meurtrier de Margone se cachât encore dans la maison, d'abord parce que cela l'arrangeait (il avait horreur des déplacements fatigants), ensuite parce qu'il estimait que le bon sens l'exigeait. Naturellement, il avait été mis au courant de l'algarade ayant opposé Josefina et Fortunato qui, avec l'arrivée des renforts anglais, s'était transformée en un fameux pugilat où les autochtones avaient été battus à plate couture. Contrairement à l'opinion générale, estimant que ce combat était le résultat de un ou plusieurs différends amoureux, Massimo supputait que si à la base de la querelle entre Josefina et Fortunato, il y avait la jalousie, il pouvait y avoir une autre raison et une raison ayant un rapport quelconque avec la mort de Margone. Quand le commissaire Prizzi s'était mis quelque chose en tête, nul n'en pouvait le faire démordre.

Le hasard voulut que le directeur, assis dans un fauteuil du hall qu'un pilier dissimulait, sous un certain angle, surprit le bref dialogue entre Josefina et Pietro. Le garçon attaqua :

– C'est vrai que donna Imperia t'a battue?

– Ce sont mes affaires!

– Je ne permettrai à personne de lever la main sur toi!

– Tu n'as rien à me permettre ni à me défendre!

– Ma qué! Tu ne vas quand même pas retourner auprès de Fortunato après ce qu'il t'a fait!

– Pauvre Pietro... Tu ne connais rien à l'amour!

Hors de lui, l'ex-liftier rugit :

– Je t'avertis, Josefina, je préférerais te voir morte que dans les bras d'un Fortunato!

Elle le brava d'un rire insolent.

– Voilà notre petit Pietro qui se prend pour un homme!

Le directeur se rapprocha du bureau de la réception où Josefina déclarait à Fortunato :

– Le traitement que m'a infligé ta mère, je ne suis pas près de l'oublier. Mais elle m'a eue par surprise! Je n'abandonne pas la lutte! Tu n'épouseras pas ta mangeuse de porridge!

– Et qui m'en empêchera?

– Moi!

– Toi? Comment le pourrais-tu?

– C'est mon affaire.

– Ma qué! tu es complètement folle, Josefina.

– Folle ou pas, si tu n'es pas dans ma chambre ce soir à 18 h 30 pour entendre ce que j'ai à te dire, tu t'en repentiras.

La petite Pamparato s'éloigna de la démarche assurée de celle qui est persuadée d'avoir le bon droit pour elle.

Massimo Prizzi venait de se mettre au lit en compagnie d'Eleonora vêtue d'une chemise de nuit vaporeuse. La signora Prizzi se sentait ce soir-là d'humeur plus que tendre et son commissaire de mari disposé à répondre à toutes ses attaques amoureuses. Ils badinaient gentiment lorsque Eleonora chuchota :

– Massimo, sais-tu que tu es le plus bel homme que j'aie jamais rencontré?

D'ordinaire, Prizzi avait du bon sens et savait parfaitement qu'il ressemblait davantage à un héron qu'à Antinoüs, mais il n'était plus en état de garder le contact avec le réel et se contenta de soupirer :

– Tu crois, Eleonora mia?

– J'en suis sûre... Et moi?

– Toi? oh! toi, tu es...

La signora Prizzi ne devait jamais savoir ce qu'elle était pour son mari, car l'insolente, l'intempestive sonnerie du téléphone vint jeter une douche d'eau froide sur leurs élans conjugués. Si elle l'avait osé, Eleonora aurait imité son époux et juré grossièrement. Ce fut elle, cependant, qui se leva pour répondre à l'appel insistant.

– Ici, la signora Prizzi... J'écoute? Ah! c'est vous, Coni...

Le commissaire ne quitta pas le lit, mais s'y assit et attendit que sa femme eut reposé le combiné pour demander :

– Qu'est-ce qu'il veut cet imbécile?

– Il paraît qu'on a encore assassiné quelqu'un à *La Casa Grande.*

– N... de d...! de N... de D...! Qui?

– Josefina Pamparato.

## III

Jamais Eleonora n'aurait cru son mari capable d'une pareille vélocité. Elle n'avait pas passé sa robe de chambre que Massimo était déjà dans ses pantalons et achevait de lacer ses chaussures. Un séjour ultra rapide à la salle de bains pour tenter de se réveiller complètement, une chemise que son épouse l'aida à glisser dans sa ceinture, une cravate nouée à la diable et le commissaire se hâtait vers *La Casa Grande.*

En dépit de l'heure – 23 h 30 – tout le personnel était encore debout. Prizzi se sentait outragé par un assassin qui, sans se soucier de la réputation du commissaire, tuait presque sous son nez! Massimo pénétra dans la hall de l'hôtel à la manière d'un char de combat et, sans se préoccuper de quiconque, fonça sur le directeur.

– Alors, don Pasquale, on continue?

Le malheureux directeur n'avait plus la force d'émettre un son. Tassé sur lui-même, il disparaissait dans un fauteuil où le policier le happa pour le remettre sur ses jambes. Mais à peine l'avait-il lâché que don Pasquale retombait, véritable loque dont il s'avérait impossible d'espérer tirer quelque chose. Dégoûté, Massimo s'adressa à Anselmo.

– Vous, racontez-moi!

– Vers 21 h 10, nous avons entendu un cri de femme, un véritable cri de terreur.

– Ma qué! ça tend à devenir une habitude dans votre personnel, hé?

– Je me suis précipité vers l'ascenseur.

– Seul?

– Non, en compagnie de Pietro. Au dernier étage, il y avait Camelia Tegiano, la camériste.

– Où est-elle celle-là?

Anselmo se tourna vers le personnel aggloméré au pied de l'ascenseur.

– Camelia?

Une petite rousse potelée et en larmes sortit du rang. Prizzi essaya d'adoucir le ton pour lui parler.

– Vous avez découvert le crime?

– Oui... oui... c'était ho... horrible...

– Pour quelle raison êtes-vous entrée dans la chambre de Josefina Pamparato?

– Je montais me coucher, mon service terminé et, en passant, j'ai vu la porte entrouverte. Josefina était très gentille avec moi. J'ai voulu lui souhaiter une bonne nuit. J'ai frappé et, comme elle ne répondait pas, je suis entrée et... et je... je... l'ai vue...

Le policier attendit qu'elle en ait terminé avec sa crise de larmes pour demander :

– Vous avez remarqué quelqu'un rôdant à l'étage?

– Non.

– C'est bien. Coni, allons-y.

Suivi de son inspecteur et d'Anselmo – don Pasquale étant toujours hors de combat –, Prizzi se dirigea vers l'ascenseur.

La cuisine de *La Casa Grande* ressemblait au camp des Grecs assiégeant Troie au moment où Achille venait d'apprendre la mort de Patrocle. Ils étaient trois à maintenir Ludovico – en pyjama – qui voulait tout casser pour soulager son désespoir. Albertina – en robe de chambre – pleurait sans discontinuer et des femmes de charge tapaient dans ses mains, ne s'interrompant que pour lui faire absorber quelques gouttes de Fernet-Branca. Ses adjoints l'ayant lâché, l'énorme Pamparato invectiva le ciel et la terre qui avaient permis cet abominable forfait.

– Et qu'est-ce que je vais devenir, moi, sans ma Josefina qui était mon éternel printemps?

De son coin, Albertina accompagnait son mari de longs gémissements aussi lugubres que ceux du chien hurlant à la lune.

– Seigneur! Je suis Ludovico Pamparato, le plus grand cuisinier de Ligurie, le roi du pâté de lapin et Ton Serviteur! je ne méritais pas que Tu m'infliges une douleur pareille!

Les marmitons qui tentaient de le calmer l'abandonnèrent pour mêler leurs plaintes déchirantes à celles d'Albertina. Ainsi, on eut une sorte de chœur antique et funèbre qui rendait la scène encore plus lugubre.

– Seigneur! puisque Tu ne peux me rendre mon enfant, livre-moi au moins le nom de son assassin, que je puisse l'étrangler! le saigner! l'étriper!

Les trois Anglaises, qui s'étaient glissées dans la cuisine sur les traces de leurs amoureux, regardaient, légèrement incrédules, ce qui se déroulait sous leurs yeux. Elles ne parvenaient pas à fixer leur opinion quant à la sincérité de ce qu'elles entendaient et voyaient. Elles n'auraient pas su le meurtre de Josefina qu'elles n'auraient pas cru à la réalité du spectacle.

Brusquement, Pietro, le visage baigné de pleurs, pointa un index vengeur sur Fortunato et cria :

– C'est lui!

Un grand silence où s'entendait le bruit sourd de respirations haletantes, suivit ce cri. Tous se tournèrent vers le fils d'Imperia et Ludovico empoigna son couteau à découper. Fortunato réagit :

– Moi? J'aurais tué Josefina!

Pietro se jeta vers lui.

– Assassin! je t'ai vu sortir de la chambre de Josefina, tout à l'heure vers 21 heures!

– C'est faux! il n'y avait personne dans le couloir!

Les apprentis-cuisiniers eurent juste le temps de sauter sur le chef avant que ce dernier ne plantât son couteau dans la poitrine de Fortunato. Albertina, s'arrachant à ses infirmières bénévoles, se dressait et invectivait le fils d'Imperia.

– Sale bâtard! Fait à regret! Honte de ta race! Tu as osé porter la main sur la plus pure, la plus douce, la plus aimante des filles! Je t'arracherai les yeux, tu entends, maudit! Ma qué! qu'est-ce qu'elle t'avait fait, ma Josefina, espèce de monstre? C'est parce qu'elle ne voulait pas te céder que tu l'as assassinée, hé?

– Je vous jure que ce n'est pas vrai!

Enrico se porta au secours de son ami :

– Vous savez bien, donna Albertina, que Fortunato est incapable de commettre un crime! et puis, n'importe qui vous répétera que ce n'était pas lui qui courait après votre fille, mais Josefina qui le harcelait!

Ludovico secoua furieusement ceux qui se cramponnaient à lui et rugit :

– Et voilà cette demi-portion qui ose insulter la mémoire de mon enfant!

Albertina gifla Enrico et aurait continué à le

frapper si Mary Jane ne s'était dressée devant elle avec un œil froid et un petit visage résolu.

– Continuez et je vous envoie à l'hôpital!

Albertina eut peur et tenta de cacher sa crainte sous le sarcasme :

– Et traître par-dessus le marché! il appelle des étrangères à l'aide, ce sans pudeur! Que Dieu punisse l'Angleterre!

Désespérant d'être entendu, Fortunato cria :

– Je jure devant tous que je suis innocent!

Pietro, qui croyait tenir sa vengeance, répliqua :

– Et moi, je répète que je t'ai vu sortir de sa chambre!

– D'accord! Je suis allé chez Josefina...

– Il avoue!

– Mais elle était vivante lorsque je l'ai quittée!

– Menteur!

Albertina demanda :

– Et d'abord, qu'est-ce que tu fabriquais chez ma fille à cette heure-là, dépravé?

– Elle m'avait donné rendez-vous.

– Tu n'as pas honte d'essayer de salir sa mémoire?

– Elle a commencé par me menacer, puis on s'est expliqué et elle s'est excusée d'avoir menti à Susan dans l'espoir de la détacher de moi. Nous nous sommes séparés bons amis. Elle m'a même confié qu'elle était décidée à quitter *La Casa Grande* et à filer s'installer à Rome.

Albertina haussa les épaules.

– Des contes à dormir debout! tu penses que si ma fille avait eu l'intention de partir, c'est à sa mère qu'elle en aurait parlé la première, non? et puis, où aurait-elle pris l'argent?

– Elle m'a assuré qu'elle en aurait, sans plus d'explication.

Ludovico hurla :

– Il faut que je le tue!

Avant que le chef n'ait pu mettre sa menace à

exécution, la porte s'ouvrit et donna Imperia entra. A sa vue, on se tut. Elle promena un regard sévère sur les gens encombrant la cuisine.

– Il me paraît qu'on fait grand bruit et, en un pareil moment, cela ne me semble pas indiqué. Albertina, j'ai de la peine pour vous... Josefina était une tête sans cervelle, mais elle était jeune et la jeunesse, c'est sacré!

– Vous auriez dû enseigner cela plus tôt à votre Fortunato!

– A Fortunato? pourquoi?

Ludovico intervint :

– Parce qu'il a assassiné ma fille!

– Mon pauvre Ludovico, l'âge ne vous améliore pas. Plus ça va et plus vous êtes stupide. Fortunato, viens ici!

Le réceptionniste rejoignit la mamma qui, le prenant par les épaules et le fixant dans les yeux :

– Est-ce toi qui as tué cette petite?

– Bien sûr que non!

Pietro bondit :

– Mais je l'ai vu sortir de sa chambre, ce sale menteur!

Donna Imperia regarda Pietro et le prévint doucement :

– Traite encore une fois mon fils de menteur, Pietro, et tu verras ce qui t'arrivera.

Prudemment, l'interpellé recula de deux ou trois pas. Albertina voulut, elle aussi, mener le combat contre les Marineo.

– Imperia, il est temps que vous le sachiez : vous nous fatiguez avec vos grands airs! qu'est-ce que vous êtes de plus que moi, hé?

– La veuve d'un génie de la cuisine, tandis que vous, pauvrette, vous n'êtes que la femme d'un gâte-sauce juste bon à faire des pâtés dont pas un gastronome ne voudrait!

Ludovico se lamenta :

– On tue mon enfant, et la mère de l'assassin vient m'insulter dans ma cuisine!

Fortunato se prit les cheveux à pleines mains.

– Jusqu'à tout à l'heure, je croyais que chacun ici avait de la sympathie pour moi et voilà que maintenant, je ne rencontre que des visages hostiles! Personne n'a donc plus confiance en moi?

Susan Radstock avança et déclara :

– Moi!

Donna Imperia embrassa l'Anglaise :

– A partir d'aujourd'hui, tu es ma fille.

Pietro ricana :

– Il y en a qui ne sont pas dégoûtées!

Tessa Gillengham attrapa le liftier par le col de sa chemise, l'étranglant à moitié et susurra :

– J'espère, darling, que ce n'est pas pour votre Tessa que vous dites cela?

– Vous, fichez-moi la paix, hé!

– Est-ce ainsi qu'on parle à sa future femme, darling?

Tessa serra un peu plus fort, Pietro eut un râle d'asphyxié et fit signe qu'il se résignait au silence. L'Anglaise relâcha son étreinte, tapota la joue du garçon :

– Je devine que nous nous entendrons très bien, darling.

Une femme de chambre fit irruption pour annoncer que les policiers redescendaient de l'étage et venaient dans la cuisine. Ludovico énuméra à Fortunato tout ce qu'il lui infligerait au cas où la justice ne s'occuperait pas sérieusement de lui. Ce à quoi donna Imperia répliqua que si les Pamparato s'avisaient de lever le petit doigt sur son fils, ils seraient morts avant de comprendre ce qui leur arrivait. Pietro, sautant sur le couteau abandonné par Ludovico, voulut en frapper Fortunato. Pour tenter ce triste exploit, il dut, malheureusement pour lui, passer devant Tessa. L'Anglaise, attrapant une lourde sauteuse de cuivre, en cogna à toute volée la tête du liftier qui s'écroula sans un cri. Donna Imperia sourit à l'Anglaise :

– Toi aussi, tu es une bonne fille.

Le commissaire Prizzi marqua un temps d'arrêt en voyant Pietro allongé sur le sol, le nez sur le ciment.

– Qu'est-ce qu'il a encore, celui-là?

Donna Imperia expliqua :

– L'émotion... Quand il a su ce qui s'était produit... Il est tombé... C'est un cœur sensible...

Anselmo qui suivait le commissaire, s'agenouilla près de Pietro et lui passant la main sur le crâne, sentit la bosse qui enflait et, levant les yeux sur sa sœur, il se contenta de remarquer :

– On le serait à moins.

Massimo donna l'ordre d'emmener Pietro et demanda à donna Imperia de lui présenter les gens qui se trouvaient là. Après le personnel de la cuisine, on s'intéressa à ceux qui n'avaient rien à faire dans le service. L'inspecteur Coni béait d'admiration devant Tessa. Cette jeune fille solide résumait, à ses yeux, tous les canons de la beauté féminine. Elle déclara être fiancée à Pietro et sollicita la permission de le rejoindre. On la lui accorda et donna Imperia murmura pour son frère :

– Pourvu qu'elle ne l'achève pas...

Susan révéla qu'elle aussi était fiancée, mais à Fortunato Marineo. Soudain, dans le silence relatif qu'imposait la présence des policiers, on entendit une sorte de gazouillis et Prizzi, écartant les rangs, découvrit Enrico et Mary Jane, assis sur le sol, et qui s'embrassaient. Il en resta pantois.

– Ma qué! elle est raide, celle-là! Ces deux profitent d'une enquête de police pour se peloter!

Mary Jane fut debout en un clin d'œil et protesta, furieuse.

– Ce que vous dites est dégoûtant! on se... fait pas ce que vous racontez, espèce de...

Le sourcil froncé, la bouche hargneuse, le policier gronda :

– Espèce de quoi?

– Je ne sais pas... expliquer, mais ce n'est pas beau!

– Et vous? vous jugez que c'est beau de s'embrasser en cachette quand il y a une morte dans la maison?

– Je ne vois pas le rapport!

Ecœuré, Prizzi haussa les épaules et confia à haute voix à Coni :

– Ces gens du Nord n'ont aucun savoir-vivre... Et don Pasquale, va-t-il finir par revenir à lui, oui ou non?

Le directeur se présenta au même moment, l'œil flasque, le regard mou, la lèvre pendante, le front résigné. Le policier l'interpella brutalement :

– Vous voilà enfin! on s'entr'égorge chez vous et tout ce que vous trouvez à faire c'est de vous évanouir, hé?

– C'est... c'est plus fort que moi, signor commissaire... Ces meurtres dans MON hôtel... Je... je ne peux pas le supporter.

– Ma qué! prenez votre retraite.

– Je vais la réclamer à moins que je ne décide de me suicider avant.

– En attendant, donnez-moi un local où je puisse interroger tout ce monde.

Prizzi les avait questionnés avec des résultats divers. La plupart ne savaient rien, les autres se figuraient savoir quelque chose. Albertina avait beaucoup pleuré sa merveilleuse enfant et réclamé justice. Ludovico avait annoncé au commissaire que si on n'exécutait pas immédiatement le meurtrier de sa fille, il déclencherait une révolution. Don

Pasquale avait gémi, sangloté sur son honneur enfui et sur Josefina qu'il aimait en dépit de son caractère et de son effronterie. Il avoua qu'il ne l'avait gardée que pour ne pas perdre son père, le roi du pâté de lapin, qu'à tort ou à raison – plutôt à tort – à son avis, nombre de Liguriens prenaient pour un des rois des fourneaux de la péninsule. Anselmo avait exactement dit ce qu'il pensait de cette petite allumeuse de Josefina dont la fin, pour atroce qu'elle fût, ne le surprenait pas. Donna Imperia se contenta d'affirmer au commissaire qu'étant la mère de Fortunato, elle en répondait comme d'elle-même et qu'elle tiendrait pour idiot quiconque se permettrait d'exprimer une opinion différente. Elle ajouta que si l'on s'acharnait pour des raisons obscures dont le sens lui échappait, mais où elle ne serait pas étonnée de découvrir la main des survivants du fascisme, elle irait jusqu'au Quirinal où elle avait un cousin bien placé.

Ironique, Massimo s'enquit :

– Serait-il l'hôte du Quirinal?

– Un des hôtes, puisqu'il y est huissier auprès du Président.

Les Anglaises exaspérèrent une fois de plus Prizzi en assurant que chez elles, on ne se permettait pas d'accuser sans preuve les innocents. Le commissaire les avertit que si elles continuaient à se mêler de ce qui ne les regardait pas, il les ferait expulser. A quoi elles répondirent que cela les étonnerait fort vu qu'elles étaient les invitées de l'ambassade d'Italie à Londres. Quant à Enrico Valmesta, il affirma qu'il se fichait éperdument de Josefina. Pour lui, il n'y avait qu'une fille au monde qui méritait qu'on s'intéressât à elle : Mary Jane Muchelney. Le commissaire eut envie de le calotter pour soulager ses nerfs. Pietro Laci, lui, accusa Fortunato d'être le meurtrier de Josefina. Il savait – parce qu'il avait entendu leur conversation – qu'elle attendait sa visite et il avait vu son camarade sortir de la chambre de la victime.

– Vous n'aimez pas Fortunato Marineo, hé?

– Non.

– Peut-on savoir pourquoi?

– Parce que Josefina l'aimait.

– Et que vous, vous aimiez la dite Josefina qui ne vous aimait pas?

– Oui.

– Jeune homme, il ne faudrait pas vous imaginer que la police italienne a été créée uniquement pour venger les amours-propres blessés des laissés-pour-compte, hé?

– Je l'ai vu!

– Admettons. A propos, cette Anglaise, Tessa Gillengham, elle est votre fiancée?

– C'est elle qui le dit!

– Et ce n'est pas vrai?

– Non.

– Vous m'avez l'air d'avoir une vie sentimentale très compliquée, signor Laci. Nous serons sûrement appelés à nous revoir et à en reparler.

Fortunato n'avait pas bonne mine.

– De graves accusations pèsent sur vous, Marineo.

– Que voulez-vous que j'y fasse?

– Vous justifier.

– De quelle façon?

– En étant sincère, par exemple.

– Personne ne me croit. Ecoutez, signor commissaire, je n'ai jamais aimé Josefina qui ne cessait de me tourner autour.

– Une jolie fille pourtant, non?

– Peut-être, mais ce n'était pas mon type...

– Tandis que miss Radstock?...

– Elle l'est. Voyons, signor commissaire, j'aime de toutes mes forces Susan; pourquoi serais-je allé assassiner Josefina sous prétexte qu'elle ne m'aimait pas?

– En admettant que vous ayez raison, pourquoi étiez-vous dans sa chambre?

– Elle m'avait ordonné de lui rendre visite.

– Ordonné?

– En me menaçant.

– Quel genre de menaces?

– Oh! toujours la sempiternelle rengaine! Si tu ne viens pas, tu le regretteras, tu t'en repentiras, etc...

– Vous n'avez pas cru à ses menaces?

– Pas du tout.

– Pourtant, vous l'avez rejointe?

– Je voulais la dissuader de continuer à m'embêter.

– Que vous a-t-elle raconté?

– Que si j'acceptais de partir avec elle à Rome, on aurait une existence dorée, que nous nous ferions servir au lieu de servir les autres, des bêtises, quoi!

– Lorsque vous l'avez quittée, elle était vivante?

– Elle m'a même gentiment traité de nigaud au moment où je refermais la porte sur moi et j'ajoute qu'il n'y avait personne dans le couloir.

– Malheureusement, vous ne pouvez prouver que Josefina vivait encore lorsque vous êtes parti.

– Non.

– C'est pourquoi, signor Marineo, je vous arrête, mais je ne vous inculpe pas. Disons que je préfère vous avoir sous la main au cas où un autre événement grave se produirait à *La Casa Grande*. Pour l'heure, je suis incapable de décider si vous êtes coupable ou non.

En sortant, Prizzi les vit, massés devant la pièce qu'il occupait. Quand Fortunato parut, suivi de Coni, il y eut une sorte de grondement parmi le personnel. Le commissaire voulut les apaiser :

– J'emmène Fortunato Marineo parce que je n'ai pas le droit de le laisser en liberté. Il a été accusé formellement. Il est donc nécessaire qu'il vienne avec moi. Je suis navré pour vous, donna Imperia, et...

Sans daigner répondre, la mamma tourna le dos au policier. Susan se mit à pleurer, Tessa et Mary Jane la consolèrent pendant que Fortunato s'éloignait entre les deux représentants de la Loi. Avant qu'ils ne se séparent tous, donna Imperia rejoignit Pietro et, de nouveau, le gifla à toute volée.

– Maintenant, je te conseille vivement de ne plus jamais te trouver sur mon chemin, Judas!

Prizzi était en train de retirer ses chaussettes lorsqu'Eleonora, de la salle de bains où elle achevait sa toilette de nuit, demanda :

– Tu crois que tu en as terminé avec l'affaire de *La Casa Grande*?

– Hélas! non, ma douceur... On signale des drogués un peu partout! Des jeunes, à présent! Les plaintes affluent. Les parents s'affolent. Il doit y avoir une bande rudement bien organisée. Le Margone qu'on a tué à *La Casa Grande* n'était qu'un pion parmi les autres.

– Mais la mort de cette Josefina?

Massimo se glissa voluptueusement dans le lit.

– Rien à voir avec l'histoire qui nous préoccupe... Ici, nous sommes en présence d'un crime passionnel... Josefina tournait les têtes. Je ne suis pas certain que ce Fortunato que j'ai arrêté soit le coupable... Note qu'il peut l'être, mais il est possible que quelqu'un, par vengeance, essaie de lui faire porter le chapeau.

– Qui?

– Si je le savais... Pourquoi pas son dénonciateur?

⁂

Henry Radstock quitta *Le Colchique et le bleuet* assez fier de lui. Il venait de river publiquement son clou à un mauvais Anglais qui se proclamait partisan du Marché Commun, cette vaste entreprise uniquement destinée à rogner les ongles du lion britannique et à vouloir ébranler l'indestructible livre sterling. Avec son ami Tetbury, Henry commentait complaisamment quelques-unes de ses répliques les plus cinglantes dont le pub résonnait encore et dont on garderait longtemps l'écho victorieux. Tetbury résuma l'opinion générale en déclarant :

– Henry, vous avez été formidable!

Arborant un sourire modeste, Radstock convint :

– Disons que j'ai été bien... L'habitude, n'est-ce pas?

– Oh! Henry! l'habitude! C'est de génie qu'il faut parler!

– David, j'ai toujours supposé que vous étiez un homme de bon sens, maintenant, j'en suis sûr!

Tetbury essuya furtivement une larme.

– Voilà une récompense que je n'espérais pas, Henry... Je vous en remercie.

Tout en se congratulant l'un l'autre, ils étaient arrivés à Bulbridge Road. Au moment de se séparer, Radstock invita son ami à boire un dernier verre chez lui. Ils entrèrent et Radstock appela :

– Lucy?

On ne répondit pas. Croyant sa femme dans la cuisine, Henry la prévint :

– Ne te dérange pas si tu es occupée, ma chère, mais j'ai ramené David qui m'a parfaitement et loyalement soutenu dans un instant difficile. Figure-toi...

En sortant les verres, la bouteille de whisky, et en

versant de celui-ci dans ceux-là, il racontait l'incident dans ses moindres détails.

– ... Alors quand il a eu le toupet d'affirmer : « La vieille Angleterre retrouvera des forces nouvelles au contact de l'Europe », je lui ai simplement demandé : « Excusez-moi, sir, étiez-vous à Dunkerque le 28 mai 1940? – Non, sir... – Et les jours suivants, non plus, je suppose? – Le 28 mai 1940, sir, j'avais huit ans. Vous devez vous douter que dans les jours qui suivirent je n'avais pas atteint ma majorité? – Vous trouvez là, sir, un faux-fuyant qui, vous me permettrez de le souligner, n'est pas à votre honneur! – A votre tour, sir, permettez-moi de vous avouer que j'hésite entre deux hypothèses : ou vous êtes un fieffé imbécile ou vous êtes un acteur de premier ordre qui depuis trente ans a dû se spécialiser dans les rôles d'idiot! » Mais là, je l'ai coincé, Lucy, en lui répliquant du tac-au-tac, mais non, David, répétez, s'il vous plaît, de quelle manière j'ai mis capot ce triste personnage.

Bafouillant en songeant à l'honneur qui lui était fait, David Tetbury expliqua :

– Vous lui avez dit... ah! non, tiens! j'en ris encore devant sa mine éberluée! vous lui avez dit... Je regrette, Mrs Radstock, que vous n'ayez pas été là... J'aurais beaucoup aimé que Harriet ait été là, aussi... Il y a des absences qu'on ne se pardonne jamais... Vous lui avez dit : « Sir, à vous entendre, on a l'impression que Cromwell a travaillé pour rien! »

Pris d'un enthousiasme frénétique, perdu dans une joie l'inclinant à oublier les bonnes manières, David Tetbury se serrait les côtes en glapissant et Henry l'accompagnait en sourdine. Puis, Radstock réalisa que sa femme continuait à garder un silence étrange. Il cria :

– Lucy?

Il avait lancé ce nom sur un ton tel que l'hilarité de Tetbury s'arrêta net. A son tour, il appela :

– Mrs Radstock?

Les deux hommes se regardèrent, inquiets. Pesamment, ils se levèrent et se dirigèrent vers la cuisine. Henry poussa tout de suite un gémissement étouffé en voyant son épouse étendue sur le carrelage. Il se précipita :

– Lucy, ma chère!

David se porta au secours de son ami et, à deux, ils parvinrent à redresser Mrs Radstock sur son séant et à l'appuyer contre le bas du buffet. Pendant que Tetbury s'efforçait de glisser, avec une cuillère à café, quelques gouttes de gin entre les dents serrées de Lucy, Radstock enlevait des doigts crispés de l'évanouie la lettre qui semblait être la cause de sa syncope. Il se releva et s'approcha de la fenêtre pour mieux lire, abandonnant aux mains de son ami celle qui, peu à peu, revenait à elle.

*Mes chers parents,*

*J'ai une grande nouvelle pour vous : je me suis fiancée au jeune réceptionniste de l'hôtel. Un garçon comme il faut, qui parle anglais. Il s'appelle Fortunato Marineo. N'est-ce pas joli? Je serai la signora Marineo! Fortunato m'adore et sa mère aussi m'aime bien. Moi, je les adore tous les deux. (*Radstock eut un ricanement amer qui stigmatisait l'ingratitude des enfants et particulièrement des filles.*) Je crois, non, j'en suis sûre, que Fortunato vous plaira beaucoup. (*Gloussement sceptique du père.*) Mary Jane épousera le chef des grooms et Tessa est en train d'essayer de persuader le liftier, Pietro, de demander sa main, mais il est un peu réticent, alors elle est obligée de le secouer. Vous connaissez Tessa! Elle a juré qu'il l'épouserait, même s'il devait être transporté devant le maire sur un brancard. J'aurais souhaité que mon Fortunato vous envoie un petit mot pour vous saluer, seulement il n'a pas le temps, le pauvre chéri. Il est en* *prison. On l'accuse d'avoir poignardé une jeune fille amoureuse de lui. (*Mr Radstock émit une sorte de râle qui résumait de façon étonnante le désarroi le bouleversant.*) Mais je suis sûre que tout s'arrangera, sauf pour la pauvre jeune fille. Elle s'appelait Josefina. Je vous embrasse et vous prie de saluer pour moi nos amis Tetbury. Votre fille affectionnée, Susan Radstock.*

Ecrasé par ce coup du sort, pour la première fois de sa vie Henry Radstock se sentait désemparé, abattu plus encore que le terrible jour où l'équipe de Hongrie triompha de l'invincible équipe britannique de football, à Londres. Un de ces moments où tout s'écroule, où l'on ne croit plus à rien sauf lorsque le Seigneur vous a accordé la grâce de naître sur les bords de la Tamise. La voix plaintive de Lucy donna à Henry le coup de fouet nécessaire pour reprendre sa pleine conscience.

– Henry... Vous avez lu?

– J'ai lu.

– C'est affreux, n'est-ce pas?

– Pire, Lucy... Ah! je vous en prie! ne pleurez pas! il y a autre chose à faire qu'à verser des larmes inutiles!

Timide, Tetbury s'enquit :

– Un malheur?

– Beaucoup plus grave, David! Un déshonneur!

– Oh!

Radstock tendit la lettre à son vieux compagnon qui, à son tour, gémit :

– Ce n'est pas possible! Pas Susan! Pas une fille qui a des parents tels que vous!

– Hélas! David... Nous ne connaissons jamais nos enfants...

Pendant que leur hôte aidait Mrs Radstock à retrouver la station verticale, Mr Radstock poursuivait :

– ... On croit leur donner le bon exemple... On se

figure que leur inculquer des principes... On imaginait que d'avoir un père fonctionnaire de la Couronne et retraité des Chemins de Fer britanniques devait la préserver de toute déchéance, que non pas! Un jour, elle vous écrit qu'elle vous renie, qu'elle renie sa patrie et qu'elle espère épouser un assassin!

Nouveau sanglot tragique de Lucy qui acheva d'exaspérer son mari.

– Assez! Vos pleurnicheries ne sont plus de mise! A moins qu'elles ne témoignent d'un certain remords!

– Remords! Pourquoi aurais-je des remords, mon ami?

– Ne me forcez pas à me rappeler que vous êtes irlandaise et que votre grand-mère maternelle s'est mariée avec un Hollandais.

Mise hors de combat par cette attaque scélérate, Mrs Radstock s'enferma dans un silence bourré de complexes tandis que Tetbury demandait à son copain :

– Que comptez-vous faire?

Recouvrant la grandeur qui lui était naturelle, Henry répondit :

– Mon devoir.

David ne comprenait pas exactement, mais il devinait qu'il vivait une minute rare, ce que la suite du discours de son ami confirmait :

– Je ne me suis pas incliné en 1940 devant Hitler, je ne m'inclinerai pas en 1973 devant un Italien assassin! Je pars!

– Vous partez où?

– En Italie!

Lucy hurla :

– Jamais!

– Plus un mot, ma décision est prise! Vous me connaissez, Tetbury, je ne recule pas à l'heure du danger! Mon enfant est en péril, je vole à son secours, qu'elle le mérite ou non! Il ne sera pas dit, moi vivant, que les fascistes ont pu kidnapper la fille unique de Henry Radstock, retraité de la Couronne!

Tetbury se hasarda à remarquer :

– Je croyais qu'il n'y avait plus de fascistes en Italie depuis la mort de Mussolini?

Radstock haussa les épaules :

– C'est ce que les Travaillistes racontent pour endormir notre méfiance! mais la preuve est là, David!

Energique, il brandissait la lettre qui, à ses yeux, ruinait d'un seul coup les mensonges des Travaillistes anglais, des Démocrates-Chrétiens italiens et, en bref, de tous ceux ne pensant pas comme Henry Radstock, qui termina par une affirmation sans appel :

– Il n'y a qu'un fasciste capable de s'attaquer à une jeune fille anglaise.

David n'osa pas demander pourquoi.

Tetbury ayant donné le coup d'envoi en recommandant à sa femme de n'en parler à personne, l'annonce du départ de Radstock pour l'Italie fut bientôt connue de tout le quartier de Bulbridge Road. Les amis de Henry sentaient un peu de cette gloire nouvelle rejaillir sur eux. Ils en éprouvaient une fierté sans limite. Le boucher Shipton confiait à son épouse qu'il bénissait le Seigneur d'avoir mis Radstock sur sa route. L'épicier Pickering rêvait aux voyages qu'il eût aimé faire. Le tailleur Helmsley enviait assez bassement Radstock auquel, en lui-même, il refusait une quelconque supériorité. Quant au facteur Easingwold, il s'était transformé en hérault et dans chaque maison où il passait, il célébrait les faits et gestes de Henry Radstock, gloire de Wilton. Bothel, le préparateur en pharmacie, témoignait par contre d'un scepticisme qui choquait les confidents auxquels il s'en ouvrait : il ne croyait pas au départ de Radstock. Reginald Syre et sa femme Phoebe avaient longuement discuté pour décider s'ils prieraient ou non le nommé Bothel d'aller boire sa bière ailleurs que dans leur pub *Le Colchique et le bleuet.*

Cependant, les objections furent emportées, les critiques dissipées, les rares oppositions dispersées lorsque, le dimanche suivant, le Révérend Simmons profita du prône dominical à St Nicholas pour se permettre une discrète, mais lumineuse allusion à ces Anglais en qui ne cessait de bouillonner la vieille ardeur des guerriers du Prince Noir, des grenadiers de Wellington et des aviateurs de la RAF. Il félicita les fidèles qui ne peuvent supporter qu'on porte atteinte à l'honneur de leur sang et sont assez conscients de leurs responsabilités pour ne rien regretter quand elles les contraignent à des démarches difficiles où le courage moral le dispute au courage physique.

Ce dimanche-là, fêté par les uns et par les autres, Henry prit une des plus belles « cuites » de sa vie et Lucy eut beaucoup de peine à le calmer lorsque sur les 2 heures du matin, grimpé sur la commode, il tentait d'expliquer à sa femme de quelle façon il était parvenu à se réembarquer à Dunkerque. Le lendemain, Radstock, la tête affreusement lourde, surveillait son épouse en train de remplir une énorme valise. En plus de vêtements chauds (elle ne croyait pas à la publicité d'une Italie ensoleillée) Lucy avait accumulé tous les remèdes possibles et imaginables. On ne prend jamais trop de précautions quand on se rend sur un continent réputé pour sa saleté et ses microbes. Quand vint l'heure d'aller au lit, les époux Radstock se couchèrent, fourbus.

Après ses excès de la veille, Henry ne demandait qu'à dormir. Aussi, lorsqu'un cri épouvantable l'arracha à son sommeil, il se crut de nouveau à Dunkerque et, sans ouvrir les yeux, mû par un réflexe vieux de plus de vingt-cinq ans, il courut à travers la chambre et ne revint à lui qu'en se prenant les pieds dans la descente de lit, ce qui le fit s'étaler sur le tapis et acheva de le réveiller. Ne comprenant pas ce qui s'était passé, il tourna le commutateur électrique et resta raide d'étonnement devant le spectacle qui lui était offert : sa femme, debout sur sa couche, les yeux exorbités, ressemblait au spectre de la famine. Oubliant le côté un peu ridicule de sa propre attitude, Henry s'enquit sévèrement :

– Eh! bien, Lucy, qu'est-ce qu'il vous arrive? Lucy!

Arrachée à son hébétude quasi cataleptique par la voix de son époux et maître, Lucy glapit :

– Henry! ô! Henry!

– Et alors?

– Je suis une mauvaise compagne pour vous!

– Ah?... Et vous ne pouviez pas attendre le matin pour vous confesser?

– Non! Car St George m'est apparu!

– Lucy, ne commencez pas à déraisonner et calmez, je vous prie, votre sacrée imagination irlandaise!

– St George n'est pas un saint irlandais, Henry!

– Bon! admettons! et qu'est-ce qu'il vous voulait, St George, ma chère?

– Me faire honte de vous abandonner! De ne pas vous suivre au combat! Henry, je vous accompagne en Italie! Le Ciel le veut!

Radstock ne répondit pas sur l'instant et quand il le fit, ce fut avec une noblesse sans égale.

– Jamais comme en ce jour béni, Lucy, je n'ai compris à quel point j'avais été inspiré par Dieu à l'heure où je vous ai choisie.

*
**

Le commissaire Prizzi entra dans son bureau et oublia de répondre au « bonjour » de sa secrétaire. Il était de méchante humeur. Rien n'allait à souhait. Eleonora avait recommencé à lui parler de Milan et de la manière dont ils vivraient, elle et lui, lorsqu'ils seraient enfin installés dans la capitale lombarde. Mais pour cela, il fallait d'abord que Massimo se fît « mousser » auprès de ses supérieurs et il ne pouvait y parvenir qu'en élucidant l'ensemble des affaires qui lui étaient dévolues. Malheureusement, pour des raisons qu'Eleonora avouait ne pas comprendre, son mari marquait le pas. Il lui semblait que, si elle avait eu a s'en occuper, les choses seraient allées plus rondement. De pareils propos mettaient les nerfs de Massimo à rude épreuve. Il aimait bien sa femme, mais par moments, il ne pouvait s'empêcher de la juger bête comme une cruche. De tout ce qu'elle racontait, une vérité, une seule, surnageait et méritait d'être retenue : ce n'était pas demain la veille de leur départ pour Milan.

Par l'interphone, Prizzi appela Coni du ton dont il eût usé pour lancer des troupes à l'assaut de la position ennemie. On entendit le vacarme déclenché par l'inspecteur précipitant ses cent vingt kilos vers le bureau de son chef. Un instant, Massimo trembla pour sa porte. Toutefois, l'inspecteur s'arrêta, frappa et entra en respirant à la façon d'un soufflet de forge vigoureusement manié.

– Signor commissaire?

– Du nouveau à propos de *La Casa Grande*?

– Non.

– Et vous attendez qu'elles viennent d'où, les nouvelles?

– Je ne sais pas.

Le commissaire cogna de rage sur son bureau.

– Voilà la manière dont je suis secondé! On me pose des questions, on exige des résultats et je suis seul! Inspecteur, si d'ici quarante-huit heures vous ne m'avez pas apporté les éléments nécessaires à une arrestation spectaculaire, je me débarrasse de vous! Compris?

– Ma qué! Comment voulez-vous que je m'y prenne?

– Vous êtes inspecteur de police, hé?

– Oui, mais...

– Ou vous êtes digne de ce titre ou vous ne l'êtes pas. Dans le premier cas, prouvez-le, dans le second, rendez vos galons. C'est clair?

– Pour être clair, c'est clair, signor commissaire. Puis-je vous rappeler que nous avons déjà un prisonnier avec le signor Fortunato Marineo?

– Mon pauvre Paolo... Je me demande quelle mouche vous a piqué pour que vous ayez eu l'idée d'entrer dans la police?

– Pas une mouche, signor commissaire : ma mère!

– Elle ne devait pas vous voir exactement sous votre vrai jour, hé?

Coni eut un bon rire :

– Sûrement pas, signor commissaire.

– Et vous avez le courage de rire?

– Je vous demande pardon, signor commissaire.

– Essayez de comprendre, inspecteur, que je n'ai arrêté Fortunato que pour empêcher Pamparato de le tuer afin de venger sa fille Josefina.

– Parce que vous pensez que Fortunato a assassiné Josefina?

– Ce n'est pas moi qui le pense, mais Pamparato.

– Et vous, signor commissaire, qu'est-ce que vous pensez de ce que pense Pamparato?

– Tout simplement que, sans en prendre conscience, il fait le jeu du meurtrier de Margone.

– Ah?

– Faites un effort, Coni, hé? Le meurtre de Josefina Pamparato est une aubaine pour celui ou ceux qui ont décidé de se débarrasser de Margone. Ils espèrent, j'en suis convaincu, que nous lierons les deux crimes de façon à y perdre notre latin car si la petite trafiquait de quelque chose ce n'était sûrement pas de drogue. Croyez-moi, Coni, le meurtre de Margone est en relation directe avec le trafic de drogue dont San Remo semble, pour l'heure, un centre de ravitaillement important. Quant à la fin tragique de Josefina, c'est une histoire banale d'amour et de jalousie. Qui l'a tuée? Fortunato? Pietro? Enrico? Anselmo? et pourquoi pas donna Imperia pour en débarrasser son fils? Elle gênait et on l'a supprimée. A vous de trouver qui!

– A moi?

– Pendant ce temps, je m'occupe de cette sacrée drogue qui prend des chemins inconnus! On est à peu près sûr qu'elle arrive par mer ou qu'elle est parachutée par air, mais du diable si on a la moindre idée quant aux routes qu'elle emprunte pour filer chez les gros clients! J'ai bien étudié le personnel de *La Casa Grande* tandis que je l'interrogeais à propos de Josefina. Aucun, je dois le reconnaître, ne présente les stigmates du drogué.

– Alors, signor commissaire?

Le dialogue du chef et de son subordonné fut interrompu par un brouhaha lointain qui allait se rapprochant pour se transformer en véritable hourvari devant le bureau de Prizzi. On devinait des voix aiguës de femmes et celle plus grave de l'agent Leonardo Panteletti.

– Voyons donc ce que c'est, Coni.

L'inspecteur se dirigeait vers la porte lorsque celle-ci s'ouvrit à deux battants sous l'impact d'un corps d'homme – celui de l'agent Leonardo Panteletti – et que derrière le représentant de l'ordre parti à reculons, entrèrent les trois jeunes Anglaises. Les yeux du commissaire faillirent lui jaillir des orbites pendant que la masse de Coni retenait le carabinier qui, d'un effort des reins, retrouvait une attitude correcte. Massimo hurla :

– Ça signifie quoi, ce carnaval?

– Je..., bafouilla Panteletti, je voulais les... les empêcher de passer, mais...

– Je vois. Sortez! Quant à vous, signorine, voulez-vous me dire de quel droit...

Susan s'avança, résolue, vers le bureau du commissaire.

– Du droit que nous donnent la Déclaration des Droits de l'Homme et le principe de l'Habeas Corpus!

– Vous vous foutez de moi?

– Nous croyions que l'Italie était une terre de justice et nous assistons aux exactions les plus éhontées! Nous voyons un policier témoigner d'une partialité révoltante! Nous en appellerons à l'opinion publique!

Ahuri, Prizzi demanda à Coni :

– Elles sont folles ou quoi?

– Vous osez insulter des citoyennes britanniques? gronda Tessa.

Et pour calmer sa colère, elle empoigna d'une seule main – sous les yeux émerveillés de l'inspecteur Coni – le buste de marbre de l'empereur Trajan, orgueil du bureau de Prizzi, et le plaça sur la bibliothèque. Cet exploit athlétique coupa la parole aux policiers. Susan en profita pour insister :

– Toutes trois, nous connaissons Fortunato Marineo, toutes trois, nous nous portons garantes de son honnêteté, de son innocence. Enfin, signor commissaire, soyez juste, raisonnable : Fortunato ne peut être un criminel puisque je l'aime!

– Quand on est amoureux, gazouilla Mary Jane, le

ciel est si bleu, le monde si joli que personne n'a envie de commettre un meurtre.

– Si! moi! hurla Massimo.

– Oh! est-ce possible, signore commissaire?

Prizzi, que la fureur avait fait se dresser, retomba dans son fauteuil en affirmant :

– C'est bien ce que je pensais, Coni, elles sont folles.

Tessa étouffa un rugissement et, avec autant de désinvolture que précédemment, transporta Trajan de la bibliothèque sur le classeur. Coni ne put se tenir de chuchoter à son chef :

– Vous avez vu? hein? quelle classe!

Heureusement pour lui, Massimo n'entendit pas. Froid comme un coup de trique, il déclarait :

– Signorine, je suis prêt à pardonner à votre jeunesse, mais à la condition expresse que vous quittiez ce bureau immédiatement et en silence, sinon les carabiniers vous reconduiront à la frontière!

– Nous nous réfugierons au consulat de Grande-Bretagne! protesta Susan.

– Bravo! allez-y! et surtout, restez-y!

– Nous qui aimions tant l'Italie sans la connaître... soupira Mary Jane. O Susan, pourquoi nous as-tu poussées à apprendre cette langue de fascistes!

Livide, Massimo se leva, se précipita sur Mary Jane et la fit pivoter en lui attrapant l'épaule :

– Qu'est-ce que vous avez dit? Qu'est-ce que vous avez osé dire?

– Il n'y a que les fascistes pour se moquer à ce point des libertés démocratiques!

Tessa vint se placer près de son amie.

– Si vous essayez de lui infliger le 3e degré, vous trouverez à qui parler!

Prizzi porta la main à son col pour défaire son nœud de cravate et dut s'appuyer d'une main à son bureau :

– Coni... vous... vous avez entendu? dans mon bureau... ces gamines... Incroyables! Je me demande si je n'ai pas rêvé... (Puis, se ressaisissant :) Fichez-moi le camp! et plus vite que ça! Filez donner des leçons aux gens de Scotland Yard s'ils les acceptent, chez nous, on ne prend pas l'avis de péronnelles! et j'arrêterai qui je voudrai sans solliciter la permission de la Reine d'Angleterre!

– Vous avez tort, signor commissaire! conclut Susan. Napoléon a cru pouvoir se moquer de la Grande-Bretagne, vous avez appris ce qu'il lui est arrivé, sans doute?

– Dehors! dehors!

L'inspecteur poussa son petit troupeau récalcitrant vers la sortie. Quand il revint, son supérieur remarqua :

– Vous n'avez pas eu l'air de témoigner d'un zèle bien grand, inspecteur?

– Je ne pouvais pas les frapper, signor commissaire. Je risquais de les tuer!

– Personne ne vous a demandé de les frapper, que je sache? En tout cas, j'aimerais que vous ne donniez pas l'impression de pactiser avec nos adversaires du moment, sous prétexte que ce sont des femmes!

– Des gamines!

– Ma qué! mal élevées! des sauvages, quoi! Allez me chercher Marineo. Je me propose de lui glisser deux mots à celui-là!

Pendant que Coni filait vers la cellule où Fortunato se rongeait les poings depuis la veille au soir, Massimo appelait sa femme par téléphone :

– C'est toi, mon amour?

– Et qui veux-tu que ce soit? roucoula-t-elle. Pourquoi me téléphones-tu?

– Parce que je m'ennuie de toi, ma colombe...

– Travaille, Massimo chéri... Travaille! Ne te

laisse distraire par rien, même pas par moi... Pense à Milan, mon amour...

Le commissaire reposa le combiné, un goût de cendre sur les lèvres.

Massimo Prizzi regarda longuement Fortunato assis en face de lui, avant de s'enquérir :

– Naturellement, tu réclames la présence d'un avocat ?

– Pour quoi faire ?

– Ma qué! pour t'aider à te défendre, hé ?

– Je n'ai pas besoin de me défendre, puisque je ne suis pas coupable.

– C'est toi qui le prétends. Je vais t'étonner, mais je suis presque certain que tu as pendu Margone.

Le fils de donna Imperia le contempla, stupéfait.

– Ce n'est pas possible...

– Qu'est-ce qui n'est pas possible ?

– Que vous soyez aussi bête !

– Attention !... Fortunato, je te préviens : attention ! Tu m'as compris ? Bon...

– Dites, signor commissaire, vous y pensez à la mamma ?

– Pourquoi veux-tu que je pense à ma mère ?

– Pas à la vôtre, à la mienne dont vous tenez le fils unique en prison et en essayant de le déshonorer... Margone... Josefina... pendant que vous y êtes, vous pourriez me mettre sur le dos tous les crimes qui ont été commis depuis que je suis né ? Expliquez-moi un peu pourquoi j'aurais tué ce pauvre Margone ?

– A cause de la drogue.

– La drogue, Sainte Madone ! que je meure à l'instant si j'ai jamais touché à cette saloperie ! Alors, je ne suis pas seulement un assassin, mais aussi un drogué ? ma qué ! si je ne vous connaissais pas, je pourrais croire que vous ne m'estimez guère, signor commissaire !

– Tu as tort de rire, Fortunato, grand tort, parce que si tu m'autorises à te donner mon avis, tu es plutôt mal parti, hé?

– A cause de la drogue? de Margone?

– Non... A la vérité, je ne suis pas encore convaincu que tu trafiques de la drogue et donc que tu aies assassiné Margone... Seulement, il y a Josefina.

– Elle était droguée, celle-là aussi?

– Non, amoureuse... et de toi, par-dessus le marché.

– Et c'est parce qu'elle m'aimait que je l'ai tuée?

– Oui.

– Curieux, non?

– Pas quand on connaît la mentalité des individus de ton genre, Fortunato.

– Et quelle mentalité j'ai, signor commissaire?

– Celle du coureur de jupons que tu es depuis que tu portes des culottes. Seulement, le Signor aime la difficulté... Les filles qui se refusent l'émoustillent et celles qui s'offrent le dégoûtent... Tu ne voulais pas de Josefina car elle était prête à tout, pour toi! Ose prétendre le contraire et je t'envoie aux galères, espèce de Barbe-Bleue!

– Je ne l'aimais pas, mais je la laissais se tortiller autour de moi, hé?

– Pour le plaisir! Tu es une sorte de sadique, Fortunato, un voyou sans moralité! Tu te glorifiais de regarder cette malheureuse se rouler à tes pieds! Pourquoi ne voulais-tu pas d'elle?

– D'abord parce qu'elle n'avait pas une bonne réputation, ensuite parce que j'en aimais une autre!

– Peut-on savoir...?

– Susan Radstock.

– Ah! oui, c'est vrai! Une de ces petites effrontées mangeuses de porridge! Tu n'as pas honte, Fortunato, de mépriser la beauté de nos filles pour ces étrangères pleines de taches de rousseur? Fortunato, tu n'es pas un bon Italien!

– Susan n'a pas de taches de rousseur!

– Toutes les Anglaises ont des taches de rousseur et je te défends de prétendre le contraire! Fortunato, il y a quelque chose qui ne tourne pas rond dans tes explications. Tu affirmes que Josefina ne t'intéressait pas?

– Exact.

– Et pourtant tu l'as rejointe dans sa chambre?

– Elle avait exigé que j'aille la rejoindre.

– Exigé? Une fille dont tu te moquais?

– Je craignais ses manigances.

– Par exemple?

– Elle avait déjà osé dire à Susan qu'elle attendait un bébé dont j'étais le père!

– Et ce n'était pas vrai?

– Ma qué! bien sûr que ce n'était pas vrai!

– Alors, qu'est-ce que tu avais à redouter?

– La calomnie, signor commissaire... Vous connaissez?

– Ne sois pas insolent!... et c'est parce que tu t'es effrayé un peu sottement des calomnies possibles de Josefina que tu l'as tuée?

– Je vous répète que je ne l'ai pas tuée!

– Convenons que tu ne l'as pas fait exprès.

– Ni exprès ni pas exprès... Je ne l'ai pas fait! Elle était vivante quand j'ai quitté sa chambre!

– Non, Fortunato, quand tu y es entré!

A *La Casa Grande*, l'atmosphère rappelait celle qui devait régner au château de Blois tandis que le roi et ses mignons y préparaient l'assassinat du duc de Guise. Chacun y observait chacun, sans cesse prêt à en venir aux mains. On se surveillait, on s'espionnait, on échafaudait mille pièges pour tenter d'obliger l'ennemi à se découvrir et tout cela en se toisant avec mépris. Donna Imperia traitait les Pamparato comme s'ils n'étaient que des fantômes transparents. Albertina ne communiquait, pour les besoins de son service, avec donna Imperia que par l'intermédiaire de don Pasquale qui suppliait le Conseil d'Administration de le relever de ses fonctions si l'on ne tenait pas à ce qu'il soit enfermé chez les fous. Les trois Anglaises, entraînant Enrico dans leur sillage, formaient l'essentiel du camp des Marineo, tandis que Pietro, par attachement pour la morte, demeurait le soutien essentiel des Pampamato. Don Pasquale observait une stricte neutralité, ce qui était normal de sa part. Ce qui l'était moins, c'est qu'Anselmo copiât son attitude sur la sienne. On ne comprenait pas que l'oncle de Fortunato témoignât d'une indifférence dont on se demandait les vraies raisons.

Les Anglaises n'étaient pas d'un tempérament enclin à attendre passivement. Elles résolurent de passer à l'attaque et d'établir publiquement l'innocence de Fortunato. Mary Jane eut pour mission de convaincre Enrico de se rendre chez Prizzi pour lui assurer que Fortunato n'était pas coupable; Tessa devait tenter d'amener Pietro à renoncer à sa vengeance; Susan, enfin, se chargerait de persuader Anselmo de se mêler à la lutte. Elles entrèrent aussitôt en action.

Mary Jane ouvrit les hostilités. Elle coinça Enrico dans un coin et là, son visage dans celui du garçon, elle murmura :

– Vous m'aimez, Enrico?

– Plus que ma vie!

– Moi aussi, je vous aime... Aussi, songez à ce que serait mon chagrin si l'on vous jetait en prison...

– Et pourquoi me jetterait-on en prison?

– Fortunato y est bien, lui! Si un malheur nous arrivait, Enrico mio, je voudrais pouvoir compter sur tous nos amis... Enrico, ne laissez pas ce fasciste de commissaire torturer votre frère!

Enrico était un esprit simple et aimant. Tout ce que disait Mary Jane s'affirmait pour lui parole d'Evangile. Il courut au commissariat et annonça qu'il avait des déclarations à faire à propos du meurtre de Josefina. Prizzi le reçut avec empressement.

– Je vous écoute, signor Valmesta?

– Fortunato n'est pas coupable du meurtre de Josefina Pamparato!

– Ah?

– Elle l'aimait à en mourir...

– Ce qu'elle a fait, non?

– Pardon? Ah! oui, mais non...

– Vous n'êtes pas très clair, signor Valmesta.

– Je connais Fortunato. Il est incapable de tuer qui que ce soit et encore moins une fille.

– C'est tout?

– Ça ne suffit pas?

– Non, signor, ça ne suffit pas! Et j'ai fort envie de vous infliger un procès-verbal pour vous moquer de la Justice!

– Qui ça, moi?

– Vous, parfaitement!

– Oh! j'ai compris... Elle avait raison!

– Qui donc?

– Ma petite Mary Jane, quand elle m'affirmait que vous avez des mœurs de fascistes.

– Sang du Christ! Bouclez-moi ce type-là pour injure à magistrat dans l'exercice de ses fonctions!

Après avoir enfermé Enrico, l'inspecteur revint prévenir son chef :

– A votre place, signor commissaire, je me méfierais.

– De quoi?

– Du syndicat de ce garçon... Vous savez qu'on ne

nous aime guère... et si on raconte qu'on a conservé ici les habitudes des Chemises Noires... quoique ce ne soit pas vrai, on n'aimera pas beaucoup ça en haut lieu... Vous ne croyez pas?

Ce fut au péril de sa vertu que Susan convainquit Anselmo d'aller parler à Massimo Prizzi. Le concierge eût été heureux de poursuivre dans une intimité plus stricte l'entretien demandé par l'Anglaise. Mais il s'agissait de son neveu, du fils de sa sœur et au fond, il enviait ce sacripant de Fortunato de rencontrer des filles aussi dévouées, aussi aimantes. Pour plaire à miss Radstock, il demanda audience au commissaire et lui lâcha tout de go qu'il se trompait complètement en accusant Fortunato. Le policier l'écouta avec une infinie patience, puis :

– En somme, signor Silano, vous êtes venu me donner une leçon?

– Ma foi, non!

– Mais si! mais si! Vous avez pensé : ce pauvre commissaire ne s'en tirera jamais tout seul, il faut que j'aille l'aider un peu.

– Je vous assure que vous vous méprenez.

– Allons donc! tout le monde me tient pour un imbécile, pourquoi pas vous?

– Vous vous faites des idées...

– A mon tour, permettez-moi une question : pourquoi cette démarche en ce moment? pourquoi ne l'avez-vous pas tentée aussitôt après l'arrestation de votre neveu?

– Au vrai, je ne croyais pas à cette arrestation, et puis le désespoir d'une amoureuse...

– Nous y voilà! Miss Radstock, je parie?

– En effet.

– Signor Silano, voulez-vous me rendre un service?... Annoncez à cette demoiselle que si elle se mêle encore de mes affaires, je les expulserai, elle et ses deux compagnes, sans me soucier de la Grande Charte, de la Déclaration des Droits de l'Homme, de l'Habeas Corpus et de la Reine d'Angleterre!

A son grand étonnement, Tessa avait vaincu plus facilement qu'elle ne l'eût cru les réticences de Pietro Laci. Elle s'attendait à du mépris, à de la colère, voire à des grossièretés, elle prévoyait même qu'elle serait peut-être obligée d'employer des arguments brutaux. Or, tout au contraire, Pietro comprit parfaitement le sens de la démarche menée par Tessa et se déclara prêt à gagner le commissariat si elle voulait l'y accompagner pour lui insuffler le courage dont il aurait besoin. Lorsque Coni avertit Prizzi de l'arrivée de Pietro accompagné de son Anglaise, le commissaire commença par déclarer qu'il ne recevrait pas ces deux tordus et qu'il en avait assez d'être ravalé au rang de distraction gratuite. Mais l'inspecteur, fortement impressionné par miss Gillengham, se démena tant et si bien que Massimo accepta, une fois encore, d'écouter un membre du personnel de *La Casa Grande* plaider pour son camarade.

Tessa poussa triomphalement Pietro devant elle en disant :

– Merci de l'entendre, signor commissaire. Je suis sûre qu'il va vous convaincre!

– Je l'espère, miss... Alors, Laci, votre Fortunato est innocent?

– Innocent? Jamais de la vie! Je l'ai vu sortir de la chambre de Josefina qu'il venait de tuer!

– Qu'en savez-vous?

– Il avait le visage de quelqu'un qui a commis un assassinat!

Ironique, Prizzi s'adressa à l'Anglaise :

– Voulez-vous toujours que je me laisse convaincre, signorina?

Ce qui se déroula alors sous les yeux des policiers

dépassa l'entendement de ces derniers au point qu'ils demeurèrent sans réaction tandis que miss Guillengham, usant de toutes les clés de judo qu'on lui avait apprises, faisait voler Pietro à travers la pièce et le mettait en piteux état. Ebloui, l'inspecteur admirait sans réserve cette surprenante démonstration. Enfin, le commissaire retrouva la force de hurler :

– Collez-la en cabane, celle-là aussi, et envoyez l'autre à l'infirmerie!

Alors, avec infiniment de douceur et un beau sourire sur les lèvres, l'inspecteur Coni offrit son bras à Tessa Gillengham pour la conduire dans une cellule, laissant à l'agent Leonardo Panteletti le soin de ramasser Pietro Laci.

Quoi qu'il en eût, Prizzi ne pouvait s'empêcher d'admirer le dévouement acharné des jeunes Britanniques et enviait secrètement ce coquin de Fortunato qui savait susciter de telles tendresses. Il ne put se tenir d'en parler à sa femme :

– Tu comprends, Eleonora, ces petites ne se doutent pas que je n'ajoute absolument pas foi à la culpabilité de leur bien-aimé...

– Pourquoi ne le leur révèles-tu pas?

– Parce que leur commun désespoir est la meilleure preuve de ma fausse bonne foi!

– Massimo, tu es un monstre! Pense au chagrin de ces amoureux!

– Pense à leurs retrouvailles! Ah! Fortunato est un heureux homme...

– Insinuerais-tu que tu n'es pas aussi aimé que lui?

– Je voudrais m'en persuader.

– Méchant!

La signora Prizzi se blottit sur les genoux de son mari.

– Allez, avoue que tu es le plus aimé de tous?

– Tu es sûre que tu ne me préfères pas un peu Milan?

Depuis qu'ils avaient mis pied à terre à l'aérodrome de Villanova d'Albenga, les Radstock se croyaient en danger de mort. Ils n'avaient pas osé se mettre un masque d'infirmier sur le visage pour se protéger des microbes et s'efforçaient de respirer le moins profondément possible. Tout ce qu'ils voyaient les plongeait dans une angoisse que chaque minute amplifiait. Ils ne se doutaient vraiment pas que des êtres humains puissent se moquer aussi follement des règles élémentaires de l'hygiène. Le soleil ne les touchait pas, les arbres exotiques les laissaient indifférents, la mer bleue ne leur arracha pas le moindre signe d'intérêt. Ils préféraient penser à leur merveilleux départ, lorsque la petite bande du *Colchique et le bleuet,* au complet, les avait accompagnés au train de Londres. Harriet Tetbury avait beaucoup pleuré et embrassé Lucy comme si les deux femmes ne devaient plus jamais se revoir. David avait longuement serré la main de Henry, à la façon de deux soldats dont l'un s'en va pour une mission-suicide.

A *La Casa Grande,* on leur trouva une place puisque leur fille habitait déjà l'hôtel. Quand ils demandèrent à voir Susan, on leur donna le numéro de sa chambre en précisant que ses amies logeaient à côté d'elle. Lucy ne se dominait plus. Elle était LA MÈRE courant au combat pour défendre son enfant. En sortant de l'ascenseur, elle chuchota à son mari :

– O Henry!... Dieu sait dans quel état elles sont, les malheureuses!

– N'ayez plus peur, ma chère, je suis là et je vous promets que tout va changer!

Réconfortée par cette mâle promesse, Lucy frappa à la porte de Susan. On ne répondit pas. Elle ouvrit. Il n'y avait personne. Reprise par son inquiétude, Mrs Radstock en oublia de se conduire à la façon d'une lady et entra, sans plus de manière, dans la pièce voisine où elle vit, avec une surprise horrifiée, Mary Jane sur les genoux d'un garçon, les deux s'embrassant à pleine bouche. Lucy referma et regarda son époux qui haussa les épaules en murmurant :

– Je me suis toujours méfié de cette fille!

Complètement déboussolée, la mère de Susan passa au numéro suivant et là, elle trouva Tessa caressant maternellement un garçon étendu sur son lit et qui semblait mal en point. Radstock dut soutenir son épouse qui allait défaillir. Elle leva vers Henry un regard de veau fixant le tueur et gémit :

– Vous... vous avez... vu?

– J'ai vu, ma chère... Il n'aura pas fallu longtemps à ce vieux continent pourri pour contaminer nos filles! Et cependant, il y en a pour se féliciter d'entrer dans le Marché Commun! Vous venez d'en apprécier un exemple!

– Une honte, darling... Une honte que je ne pourrai sûrement pas supporter!

Les Radstock déposèrent leurs affaires dans le logement qui leur avait été attribué et redescendirent à la recherche de Susan. Ils la découvrirent près de l'office en train d'embrasser Anselmo, dans l'espoir d'entretenir le zèle de ce dernier en faveur de Fortunato. Lucy poussa un Oh! qui fit se pencher sur la cage d'escalier toutes les femmes d'étage croyant à un nouveau crime. Pour sa part, Susan ne se posa pas de question et se précipita vers ses parents :

– Dad! Mummy!

Mais Radstock se plaça devant sa femme et offrit un visage d'airain à son enfant qui eut son élan brisé net. Le père s'adressa sévèrement à Anselmo :

– Monsieur, j'étais à Dunkerque!

Le concierge pria Susan de traduire.

– Il dit qu'il était à Dunkerque.

– Ah? Eh bien! qu'il y retourne!

– Anselmo! ce sont mes parents!

– J'ignorais!

Et incontinent, le frère d'Imperia serra la main de Radstock et de sa femme qui n'eurent pas le temps de la lui refuser. Henry demanda à Susan :

– C'est cet individu, votre Fortunato?

– Oh! non, lui, c'est le concierge.

– Et c'est la coutume, dans ce pays, d'embrasser le concierge? Susan, vous nous décevez beaucoup... Vos compagnes aussi, d'ailleurs.

– Vous les avez rencontrées?

– Nous les avons surprises plutôt!

– Une honte! gémit Lucy : l'une était sur les genoux d'un homme et l'autre avait mis un garçon sur son lit pour... pour lui caresser le visage! Susan, bouclez vos bagages, vous ne resterez pas une minute de plus dans cette ville de perdition!

– Pas sans mon fiancé!

– Je ne serais pas fâché de lui confier ma façon de voir, à celui-là! grogna Radstock. Où est-il?

– En prison.

Massimo Prizzi crut tout de bon qu'il était l'objet d'une persécution raffinée et soigneusement mise au point lorsqu'on lui annonça que Mr et Mrs Radstock demandaient à lui parler. Il regarda Coni :

– Qu'est-ce que c'est encore que ceux-là?

L'inspecteur se rendit aux nouvelles et revint préciser qu'il s'agissait des parents de Susan Radstock, la fiancée de Fortunato Marineo.

– Je n'y suis pas!

– Ils ont prévu votre réponse, signor commissaire, et déclaré que si vous n'y étiez pas, ils attendraient que vous y soyez. Ils ont ajouté que le lion britannique était d'une patience à toute épreuve et que, se sachant immortel, le temps ne comptait pas pour lui.

– Vous comprenez, vous?

– Non.

– Qu'ils entrent, si c'est le seul moyen de nous en débarrasser!

Solennel, Radstock se présenta au garde-à-vous devant Prizzi et lui déclara :

– Sir, j'étais à Dunkerque!

Massimo tourna un œil incompréhensif vers Susan qui traduisit :

– Il était à Dunkerque.

– Que voulez-vous que j'y fasse?

La jeune fille mit cette réponse désinvolte en anglais et son père la pria de répéter à cet olibrius de fonctionnaire d'un pays sous-développé qu'il devrait avoir honte de son ingratitude et qu'il éprouvait une forte envie de le boxer pour lui apprendre le respect dû aux Anciens Combattants.

– Mais que raconte-t-il? s'exclama le policier, intrigué par ce long discours.

– Qu'il est fonctionnaire de la Couronne et qu'à ce titre il se porte garant de la moralité de sa fille et de ses deux amies.

– Et puis après?

– Que vous devez relâcher Fortunato, car il est innocent.

– Vous entendez, Coni? Ces deux-là qui arrivent de je ne sais où pour me donner des leçons! Vous croyez que ça s'est déjà vu? Foutez-les-moi dehors, et en vitesse!

Susan fondit en larmes. Sa mère poussa un cri de colère. Radstock rugit :

– Il vous a manqué de respect, Susan? Dites-moi

qu'il vous a manqué de respect et je le boxe sur-le-champ!

Ne comprenant rien ni à la colère trop visible de ses visiteurs ni aux larmes de la rusée petite Anglaise, le commissaire s'époumonait à crier :

– Ma qué! Qu'est-ce qu'il y a, encore?

– Mes parents voudraient voir Fortunato pour lui annoncer notre départ.

– Ce n'est pas vrai? Vous partez? Tous les trois? Vous ne pourriez pas emmener vos amies par la même occasion? Si? Oh! merci! merci! Coni, emmenez-les auprès du prisonnier et reconduisez-les dans la rue avec toute la courtoisie dont vous êtes capable.

Radstock qui, naturellement, n'avait pas saisi un seul mot de ce discours, se persuada que l'autre se moquait de lui et avant de sortir, il lança :

– Nous avons coupé la tête au roi Charles pour moins que cela, sauvage!

Apostrophe que Susan traduisit :

– Mon père vous remercie de votre obligeance.

Massimo estima que les Anglais usaient d'un drôle de ton pour remercier.

Le climat italien influençait-il déjà Lucy Radstock? Toujours est-il qu'elle regardait d'un œil presque attendri Susan et Fortunato enlacés. Elle ne pouvait s'empêcher de juger que le fiancé de sa fille était beau. Henry, quant à lui, gardait toute son aversion pour une civilisation qui n'était pas la sienne et un climat dont la douceur le choquait.

– Fortunato... Ce sont mes parents... Ma mère... mon père...

Avant que le fils de la mamma Imperia ait ouvert la bouche, Radstock s'adressa à lui.

– Mon garçon, vous semblez vous être conduit de façon plus que douteuse avec une fille dont le père était à Dunkerque. J'attends des explications! Qu'avez-vous à me dire?

– Je... Je vous demande la main de Susan.

## IV

A peine le commissaire Prizzi mettait-il le pied dans le hall de *La Casa Grande* qu'une sorte d'iceberg véloce se précipitait sur lui en la personne du Maître Ludovico Pamparato. Afin d'éviter un esclandre, Anselmo intervint pour inviter le policier et son adjoint à pénétrer dans la cuisine où ils trouvèrent Albertina. Vêtue de noir, elle arborait le visage farouche d'une Erinnye. Elle suait la haine par tous les pores de sa peau. Massimo, humilié d'être traité aussi cavalièrement, ne se fit pas faute de le remarquer à haute et intelligible voix en s'adressant au chef.

– Ma qué! en voilà des façons! vous oubliez qui je suis, hé?

– Et moi?

– Vous! vous êtes un cuisinier qui serait mieux inspiré de s'occuper de ses sauces que de susciter un scandale!

– Vous croyez que j'ai le cœur à me pencher sur mes fourneaux quand j'entends le sang de ma fille crier vengeance!

– Agissez comme vous l'entendrez, mais fichez-moi la paix!

– Et pendant ce temps, le Fortunato, cet assassin, il va se sauver, hé?

– Il ne se sauvera pas et, de plus, personne n'a démontré qu'il était coupable.

– Seigneur, tu l'entends, cet impie? ce sacrilège?

– Non, mais ça ne va pas, Pamparato!

– Signor Pamparato, s'il vous plaît!

– Vous commencez à m'embêter, signor Pamparato! Vous et votre fille!

– Ma fille! ô Sainte Mère de Dieu! cet ange venu directement du Ciel!

– Un ange qui, si j'en crois ce qu'on raconte un peu partout, avait les ailes plutôt sales, hé?

– Oh!

Ludovico se précipita sur le policier, un énorme coutelas à la main, mais Coni était là. Il attrapa le cuisinier au vol et l'envoya s'asseoir sur la friteuse tandis que Prizzi ironisait :

– J'ignore si je vais garder Fortunato en prison, mais ce que je sais c'est que vous allez l'y rejoindre pour tentative d'assassinat!

– Alors, je l'étranglerai de mes propres mains!

– Et vous irez au bagne à perpétuité. J'espère qu'on vous mettra aux cuisines.

– Ne réponds pas, Ludovico! glapit Albertina. Tu es trop grand pour lui, ce vendu!

Prizzi sauta en l'air.

– Comment m'avez-vous appelé?

– Par le nom que vous méritez, vous qui défendez l'assassin et insultez sa victime!

– Coni, vous relevez l'état-civil de ces deux-là et vous me l'apportez au bureau d'où on les convoquera pour passer devant le Juge afin de répondre au délit d'outrage à magistrat!

Albertina, les poings sur les hanches, apostropha son mari :

– Ma qué! c'est le plus beau! on nous tue notre enfant et c'est nous qu'on condamne, hé!

Ludovico, que la colère congestionnait et faisait ressembler à un homard thermidor, déclara d'une voix rauque :

– Signor commissaire, vous savez ce que je vous dis?

– Non, signor Pamparato, mais j'aimerais bien le

savoir... vous ne pouvez deviner à quel point j'aimerais le savoir!

Celui qui paraissait le plus affecté de tous par le drame de *La Casa Grande*, était assurément don Pasquale. Son teint jaunissait de plus en plus, sa poitrine s'était creusée, il flottait dans son costume et ses cheveux apparaissaient aussi ternes que son regard. Quelques-uns chuchotaient que le directeur filait un mauvais coton. A qui voulait l'entendre, il déclarait qu'il était un homme déshonoré, perdu et qu'il se demandait pour quelles raisons stupides il s'acharnait à vivre. Son confident privilégié était le concierge.

– Comprenez-moi, Anselmo... Toute une existence dans l'hôtellerie sans la moindre anicroche... Dans quatre ans, je pouvais ambitionner de prendre ma retraite et couler des jours paisibles en Toscane... Au lieu de cela, le malheur, Anselmo! Un crime! chez moi! et je n'ai pas le temps de me remettre de l'émotion éprouvée qu'un second crime... Voulez-vous que je vous dise, Anselmo? Ce n'est pas fini! il y aura encore des meurtres à *La Casa Grande!*

– Pourquoi?

– Je l'ignore! Le Fatum... Le Destin... Les dieux se vengent, Anselmo!

– De quoi?

– Comment deviner? Peut-être là-haut m'en veut-on d'avoir été heureux jusqu'à présent?

– Curieuse façon de vous punir que de faire tuer les autres!

– Les volontés et les desseins du Ciel nous sont un mystère, Anselmo!

Et il s'éloignait en traînant les pieds, se cognant aux obstacles dressés sur sa route et qu'il n'avait pas la volonté d'esquiver. Don Pasquale n'osait plus entrer dans la cuisine où, sitôt qu'il se montrait, Ludovico ou Albertina, ou les deux à la fois, lui reprochaient de ne rien tenter pour venger la mémoire de Josefina qui, pourtant, avait de l'affection pour lui. Alors, don Pasquale pleurait sur l'épaule de Ludovico qui lui pleurait sur le crâne, tandis qu'Albertina pleurait dans les bras du saucier qui, émotif, laissait tomber quelques larmes dans la béarnaise ou la hollandaise qu'il était occupé à préparer.

Parfois, quand il montait dans son bureau, don Pasquale se heurtait à Susan Radstock qui lui faisait honte de laisser pourrir sur la paille le plus dévoué de ses serviteurs, Fortunato Marineo. Le directeur gémissait, en se tordant les mains, sur son impuissance, parce que personne n'écoutait ni ne prenait au sérieux un homme dirigeant une maison où deux meurtres venaient d'être perpétrés. Don Pasquale s'apprêtait à écrire une fois de plus au président du groupe d'hôtels dont relevait *La Casa Grande* lorsqu'on frappa à sa porte. Il pria d'entrer, sur un ton lamentable. C'était Pietro Laci.

– Qu'est-ce que tu veux, Pietro?

– Vous prévenir de mon départ.

– Tu t'en vas pour de bon?

– Pour de bon.

– Mais... Pour quelle raison?

– Je la vois partout, don Pasquale... J'entends son pas dans les couloirs... Elle me parle dès qu'un courant d'air remue les rideaux des fenêtres... Il me semble qu'elle me demande pourquoi je l'ai abandonnée...

– Tu l'aimais donc tant que cela?

– Plus encore, don Pasquale... Alors, il faut que je m'en aille, sinon je risque de devenir fou... Pardonnez-moi de vous abandonner en un pareil moment, mais si je ne quitte pas San Remo, je suis fichu...

– Le bateau coule... L'équipage fuit, c'est normal... Tu t'en iras à la fin de la semaine...

Henry Radstock succéda à Pietro chez le directeur et, comme celui-ci ne parlait pas mal l'anglais, il n'eut aucune peine à comprendre ce que lui racontait son hôte.

– Mister manager, ma fille est amoureuse de ce Fortunato... Avant de lui accorder ou de lui refuser la main de Susan, il importe que je puisse le juger, mais comment le ferais-je puisqu'on le tient enfermé ?

– Vous devriez vous adresser à la police.

– Ce commissaire ne comprend rien !

– Cependant, c'est à lui qu'il incombe, signore, de découvrir le meurtrier de mon adjoint Margone et celui de la petite Josefina.

– Le premier ne m'intéresse pas. Par contre, je souhaite que le second crime soit éclairci car le bonheur de mon enfant en dépend. Et puisque la police italienne se révèle incapable, je prends l'affaire en main !

– Vous ?

– Moi ! je connais à fond les méthodes du Yard !

– Ma qué ! ne pensez-vous pas que ce serait un peu... illégal ?

– Bah ! à Dunkerque, on ne se souciait pas de savoir ce qui était légal et ce qui ne l'était pas !

Radstock avait rejoint Lucy dans sa chambre que don Pasquale se demandait encore ce qui avait poussé l'Anglais à lui parler de Dunkerque ?

Henry, respectueusement écouté par sa femme, sa fille et les camarades de celle-ci, exposait son plan pour forcer le meurtrier de Josefina Pamparato à se reconnaître pour tel. Radstock s'écoutait parler et savourait une grande minute. C'était comme à Dunkerque lorsqu'il donnait des directives à son escouade pour essayer d'échapper aux bombes des Stukas et de réembarquer. La seule différence est qu'à San Remo, personne ne se serait permis de piper mot, tandis qu'en France, sur le rivage de la Mer du Nord, on lui conseillait d'aller se faire cuire un œuf et de mettre un terme à ses discours stupides.

– Résumons la situation... Nous savons que la mort de cette Josefina est due à une histoire d'amour... Les peuples latins étant portés à transformer, à camoufler leurs répugnants appétits sexuels en contes romantiques! Qui aimait cette Josefina? D'après ce que vous m'avez rapporté, il paraîtrait qu'elle troublait plus ou moins tous les garçons passant à sa portée? Fortunato, Enrico, Pietro et Anselmo, le concierge.

– Fortunato ne l'aimait pas, protesta Susan. C'est elle qui lui courait après!

Mary Jane fit chorus :

– Enrico ne lui a jamais prêté attention!

– Comment le savez-vous?

– Il me l'a dit!

– Si nous voulons en sortir, nous devons considérer que chacun est un coupable possible, puis les éliminer un à un jusqu'à ce qu'il ne reste plus que le meurtrier. Je ne crois pas qu'on agirait autrement au Yard. Susan, vous allez essayer de vous renseigner sur les habitudes du concierge, Tessa vous pisterez Pietro et vous, Mary Jane, occupez-vous d'Enrico. Exécution!

Les filles s'en allèrent et Henry confia à sa femme :

– Je pense, ma chère, que j'ai été bien.

– Ainsi que vous l'êtes toujours, darling.

Il arrivait quelque chose d'étrange aux Radstock... En quelques heures, ils avaient oublié toutes leurs préventions contre l'Italie et les Italiens et cela depuis que Henry risquait de pouvoir démontrer sa supériorité aux Européens. De son côté, Mrs Radstock se mettait à juger que le soleil avait du bon et si l'absence de brouillard la déconcertait un peu, si le porridge qu'on lui apportait le matin n'était pas assez cuit, si l'on buvait beaucoup plus de vin que de thé, elle n'estimait pas que ce fût là une série de péchés rédhibitoires. Mrs Radstock commençait à trahir l'Angleterre.

La filature des trois suspects ne donna pas les résultats escomptés. Anselmo, qui s'aperçut du manège de Susan, crut qu'il lui plaisait et, oubliant son neveu, lui adressa des propositions dont le réalisme obligea la pudique Anglaise à chercher le salut dans une fuite précipitée. Quant à Mary Jane, trouvant indigne de surveiller le garçon qu'elle aimait, elle préféra le rejoindre et l'accompagner jusqu'au premier banc rencontré où ils échangèrent des baisers frénétiques et des serments où ils s'engageaient l'un et l'autre bien au-delà de l'éternité. Un seul de ces exercices faillit mal tourner. Pietro se savait suivi par Tessa. Il mettait cette poursuite sur le compte de la jalousie, et il bouillait de rage. Est-ce que son Anglaise allait, oui ou non, lui ficher la paix? Feignant de marcher au hasard, il attira la demoiselle sur le port sans se douter que l'inspecteur Coni, mû lui aussi par un obscur sentiment de jalousie, filait Tessa qui filait Pietro. Brusquement, le liftier exécuta une rapide volte-face et fonça sur l'Anglaise.

– Vous avez fini de me suivre?

– Je suis votre fiancée...

– C'est faux!

– Vous n'êtes pas un gentleman!

– M'en fous!

– Pourquoi refusez-vous de reconnaître que vous m'aimez?

– Parce que je ne vous aime pas!

– Menteur!

– Folle!

– Prenez garde, Pietro, quand nous serons mari et

femme, vous ne devrez jamais me parler de la sorte, sinon...

– Vous m'embêtez, vous comprenez? Vous me faites...!

Tessa comprit parfaitement le sens du mot ordurier. Tout son orgueil national s'enflamma d'un coup et elle administra une maîtresse gifle à Pietro qui en resta, sur le moment, interdit. Oubliant toute notion de galanterie, il prétendit flanquer une raclée à la jeune fille et Coni se hâta pour éviter le pire. Mais il n'eut pas à intervenir. Cravaté, frappé, tordu, le liftier termina son rapide calvaire dans l'eau du port où des marins enthousiastes prirent le temps d'applaudir la victorieuse avant de repêcher le vaincu.

Coni rentra dare-dare au commissariat pour faire à son chef un rapport émerveillé sur la vigueur et l'esprit de décision de miss Gillenham, mais Prizzi, se déclarant fatigué, avait regagné son domicile et donné des ordres pour qu'on ne le dérangeât point, sauf en cas d'événement grave.

Eleonora s'étonna de voir son mari rentrer si tôt. Ayant reçu l'assurance qu'il n'était pas malade, elle se creusa la tête pour tenter de deviner la raison de ce retour inattendu. Un instant, elle caressa l'espoir que son mari allait l'emmener dîner dehors, mais quand elle comprit qu'il mettait ses vêtements d'intérieur, elle perdit ses illusions. Elle sentait que son époux avait de graves soucis et elle enrageait de n'être pas prise pour confidente. A la fin, elle n'y tint plus.

– Massimo! Dis-moi ce que tu as?

– Mais rien...

– Massimo, j'ai toujours compris quand tu me mentais, et en ce moment, tu es en train de me mentir!

– Tu te fais des idées, je t'assure...

Elle affecta un air détaché.
– C'est bon! Si tu n'as plus confiance en moi...
– Tu sais bien que ce n'est pas vrai, Nora mia... Ma qué! pourquoi t'ennuyer avec mes soucis, hé?
– A nous deux, nous les porterons plus facilement!
Vaincu, il avoua :
– J'ai reçu un coup de téléphone de Gênes...
– Ah?
Elle n'ignorait pas ce que cela signifiait.
– Et alors?
– Ils ne sont pas très contents, soupira Massimo.
– De toi?
– De moi, puisque je suis le patron.
– Qu'est-ce qu'ils te reprochent?
– D'avoir deux affaires sur les bras et de n'en résoudre aucune.
– S'ils étaient à ta place...
– Le malheur est qu'ils n'y sont pas.
Eleonora prépara des apéritifs en silence et quand elle eut apporté un verre à Prizzi, elle affirma :
– Massimo, moi non plus je n'arrive pas à admettre que tu ne réussisses pas, que tu ne parviennes pas au but! Tu vaux mieux que ça!
– Ma qué! Une chatte n'y reconnaîtrait pas ses petits.
– Ce n'est pas la première fois que tu t'occupes d'une histoire de drogue, tout de même!
– On surveille tous les suspects, j'ai des gens à *La Casa Grande,* j'en ai à mon service dans presque tous les hôtels. La ville est bourrée d'indicateurs et on m'annonce que la drogue est redistribuée à travers l'Italie à partir de chez nous. Tous les intermédiaires que nous avons attrapés et qu'on a pu faire parler, sont unanimes : c'est de chez nous que part la distribution!

– Si tu éclaircissais au moins le meurtre de cette fille!

– Là, j'ai un peu plus confiance... Je suis persuadé que l'assassin est quelqu'un de *La Casa Grande* et je l'aurai!

– Espérons-le...

– Ah! si toi aussi, tu te mets à douter de moi!

Le matin suivant, Massimo Prizzi arriva au commissariat résolu à brusquer les choses et appela Coni.

– Inspecteur, je me suis fait traiter assez durement par Gênes, hier après-midi. Là-bas, on veut des résultats, sinon, vous et moi pouvons dire adieu à tout avancement. Alors, fini de lambiner, on va de l'avant. On commence par liquider le meurtre de Josefina, c'est le plus facile, après on s'attaquera sérieusement au trafic de drogue. En route!

– Pour où?

– *La Casa Grande* C'est là, et pas ailleurs, que se trouve la solution du problème que nous devons résoudre dans les plus brefs délais.

Lorsqu'en arrivant à l'hôtel, le commissaire manifesta son intention de parler à Pamparato, le concierge émit de grandes réserves : c'était le jour où le chef préparait ses pâtés de lapin, sa spécialité, et il n'entendait être dérangé sous aucun prétexte.

– Vraiment? Ma qué! C'est ce que nous allons voir!

Suivi de Coni, Massimo entra dans la cuisine. A peine y avait-il posé le pied qu'un hurlement prodigieux le cloua sur place un dixième de seconde.

– Dehors!

Ne tenant pas compte de l'ordre qui lui était intimé, le commissaire s'assit sur un escabeau et l'inspecteur se planta à côté de lui. Ludovico se précipita vers les intrus :

– Je ne veux personne d'étranger à ma cuisine quand je prépare mes pâtés! Sortez!

Prizzi leva les yeux vers Coni!

– Vous entendez cet hurluberlu, Coni?

– J'entends, chef. Il ne doit pas savoir qu'entre le lever et le coucher du soleil, la police est partout chez elle.

– Sauf dans ma cuisine! Je ne tiens pas à ce qu'on me vole mon secret!

– Maintenant que vous avez terminé votre numéro, écoutez-moi, remarqua Massimo, sans s'énerver.

– Non, je fais mes pâtés!

Il s'éloigna vers ses fourneaux, les policiers lui emboîtèrent le pas et le regardèrent tourner sa farce à la cuillère de bois, goûter, assaisonner. Sur une longue table de desserte, des petits pots en grès étaient alignés, couverts d'une pellicule de graisse blanche. Prizzi s'enquit :

– Ce sont les fameux pâtés?

Un des adjoints de Pamparato répondit pour lui.

– Oui, ceux-là ont été faits hier et on les a laissés reposer et refroidir toute la nuit. On les expédiera dans la journée.

Albertina s'avança vers les policiers.

– Signor commissaire, Ludovico est très fier de sa recette. Il prétend que c'est l'œuvre de sa vie, qu'avec ses pâtés, il s'est assuré une place dans l'histoire de la gastronomie... etc... etc... Voulez-vous en goûter? J'en ai de tout frais là.

– Non, merci. Je voudrais parler de votre fille, avec votre mari.

D'une voix brisée, la mère de Josefina répondit :

– Si cela ne vous ennuie pas, je crois que je pourrais le faire mieux que lui. Voulez-vous me suivre dans la pièce qui m'est réservée?

– Ma fille, signor commissaire, quoi qu'on ait pu vous raconter, était une sorte de sainte portant comme une croix sa beauté qui lui valait d'être sans cesse importunée par les hommes.

– Qui, plus spécialement?

– Tous!

– Mais encore?

– Eh bien! Pietro Laci, le liftier, Anselmo Silano, le concierge, que sais-je, moi? Pietro était fou d'elle... Il paraît même qu'il doit s'en aller parce qu'il ne se sent plus le courage de vivre là où Josefina vivait...

– Tiens donc!

– Mais ma petite n'avait d'yeux que pour ce voyou de Fortunato!

– Pourquoi l'aurait-il tuée, dans ce cas?

– Parce que ce garçon, c'est tout le portrait de sa mère! Il se croit descendu du Ciel par des chemins réservés. Vous pensez! La plus jolie fille de San Remo, ça ne lui suffisait pas! Ma Josefina a dû lui dire quelque chose qui ne lui a pas plu et il me l'a étranglée, ce monstre! Ma qué! signor commissaire, je vous avertis : si vous n'envoyez pas ce misérable devant les juges, c'est moi et personne d'autre qui lui coupera la gorge!

– Dans ce cas, c'est vous qui irez en prison!

– A mon âge, qu'est-ce que vous pensez que cela peut me faire?

Albertina repartie vers son mari, Prizzi appela donna Imperia pour lui demander son avis au sujet de la morte. La mère de Fortunato, assise sur une chaise, le buste très droit, les mains nouées dans son giron, suggéra à Massimo, par son attitude, qu'Agrippine devait être une femme dans son genre. Mais Agrippine était la mère de Néron...

– Signor commissaire, je ne saurais vous donner beaucoup de renseignements. Je ne fréquente pas les Pamparato. Ce sont des gens médiocres et sous prétexte qu'il occupe le poste autrefois tenu par mon mari – Alberto Marineo – Ludovico se figure être son égal! Ce serait à rire si ce n'était à pleurer. Cet immense imbécile se prend pour un génie de la cuisine, parce qu'une fois par semaine il fabrique des pâtés comme en fabriquent toutes les femmes de nos campagnes! Quant à sa fille, ce n'était qu'une garce affriolante, uniquement occupée à remuer le derrière! Elle avait plus de fesse que de cervelle. Elle a rendu à moitié fou ce malheureux Pietro dans l'espoir de susciter la jalousie de mon fils, mais mon Fortunato ne se commet pas avec des filles de cette espèce!

Donna Imperia les ayant quittés, Prizzi remarqua :

– Voilà une maîtresse femme, Coni, et je la juge fort capable d'étrangler quiconque se mettrait sur son chemin ou sur celui de son fils bien-aimé.

– Je le pense aussi, chef.

Anselmo, appelé à son tour, apprit au commissaire que Pietro avait publiquement déclaré à Josefina qu'il la tuerait si elle s'intéressait, pour de bon, à un autre que lui.

Le concierge retourné à ses occupations, Prizzi déclara :

– A présent, il est temps que nous ayons une conversation sérieuse avec ce Pietro Laci d'âme si tendre qu'il entend quitter San Remo pour échapper à un fantôme et... qui sait peut-être aussi pour échapper à la justice, hé?

Pietro avait son air hargneux habituel en se présentant devant les policiers.

– Il paraît que vous désirez nous quitter?

– J'ai donné mon congé à don Pasquale.

– Pour aller où?

– Je ne sais pas encore.

– Curieux, non?

– Non, ce n'est pas curieux. Je ne peux plus vivre dans cet hôtel! Je vois Josefina partout! Je l'aimais, vous entendez? Je l'aimais!

– Inutile de crier, nous ne sommes pas sourds. Donc, vous l'aimiez. Le malheur est qu'elle ne vous aimait pas.

– Elle m'aimait!

– Pourquoi mentir? C'est Fortunato qu'elle aimait et vous étiez malade de jalousie!

– Elle croyait l'aimer!

– Ah?

– Mais elle a réalisé que c'était un coureur de filles qui ne cherchait que son plaisir et elle a compris qu'elle ne serait heureuse qu'avec moi parce que moi seul l'aimais!

– Et c'est la raison pour laquelle elle a donné rendez-vous à ton rival dans sa chambre?

– C'était pour lui annoncer qu'elle renonçait à lui!

– Comment le sais-tu?

– Elle m'avait averti.

– Pietro, tu es en train de me mentir et tu as tort... A propos, je me suis laissé raconter que tu avais menacé Josefina de la tuer si elle en aimait un autre que toi?

Le garçon haussa les épaules.

– Paroles en l'air d'un amoureux en colère... En tout cas, c'est Fortunato que j'ai vu sortir de la chambre de Josefina.

– Qu'est-ce que tu fabriquais à l'étage, à cette heure-là?

– Eh bien! je...

– Arrête! Tu me fais pitié! Je vais t'apprendre pourquoi tu te trouvais là à cet instant précis. Tu avais entendu Josefina donner rendez-vous à Fortunato. Tu es allé chez elle avant lui pour la supplier de t'écouter et comme elle t'a ri au nez, tu es devenu fou furieux, et tu l'as tuée!

– Ce n'est pas vrai!
– Peux-tu le prouver!
– J'ai vu Fortunato, l'assassin!
– Il n'y a que toi pour l'affirmer. Je ne te boucle pas encore, Pietro, mais défense absolue de quitter San Remo, hé? Tu viendras tous les jours signer au commissariat, sinon je te colle la police aux fesses!

A Wilton, les langues allaient bon train après les nouvelles reçues d'Italie et répandues par les Tetbury. Harriet ne s'arrêtait pratiquement plus de pleurer depuis la lecture de cette fameuse lettre et se demandait si elle ne devrait pas se rendre chez miss Cokingley pour commander une robe de deuil.

Pourtant, ce jour-là, rien ne laissait prévoir un bouleversement quelconque dans l'opinion de Wilton. Il n'avait pas plu, l'air n'était pas davantage pollué que d'habitude, les journaux ne parlaient pas de catastrophes naturelles ni de l'imminence de conflits internationaux, le boucher Shipton avait reçu du vrai bœuf des Highlands et l'épicier une livraison toute fraîche de thé, en bref de quoi faire envisager l'avenir avec optimisme à de fidèles sujets de Sa Majesté, persuadés qu'ils habitaient le meilleur pays du monde, le plus beau, le plus sain, celui où les gens se révélaient les plus honnêtes, les équipes de football incomparables, le pays, en un mot, où il était le plus plaisant de vivre. Mr Tetbury, qui revenait de Salisbury, ne se serait sûrement pas élevé contre cette affirmation. Il avait passé, en effet, un merveilleux après-midi avec d'anciens camarades du 3e Régiment des Fusiliers-Gardes du Yorkshire. Après une courte promenade dans le centre de la ville, on était allé prendre le thé à *The Bay Tree* dans New Canal. En quittant ses copains, David s'était rendu chez Watson & Co, un spécialiste des cadeaux et avait acheté une flûte en cristal où Harriet pourrait mettre une rose.

De retour à la maison, Tetbury, en embrassant sa femme, aperçut par-dessus l'épaule de celle-ci, une lettre d'Italie posée sur la table.

– Ah! les Radstock ont écrit?

– Je vous attendais, darling, pour que nous en prenions connaissance ensemble.

– Vous êtes un ange, darling.

– Merci, darling.

David prit place sur une chaise, en face de sa femme, et chaussa ses lunettes avant de décacheter précautionneusement l'enveloppe.

*Chers amis,*

*Nous ne nous attendions pas, Lucy et moi, en nous embarquant pour ce voyage, à vivre le drame que nous sommes en train de vivre. Ces Européens sont vraiment des gens impossibles et vous direz de ma part à tous ceux qui devant vous, mon cher David, prétendraient que l'entrée de la Grande-Bretagne dans le Marché Commun est une bonne chose, qu'ils n'ont aucun sens de la grandeur nationale et qu'avant de prononcer de pareilles sottises, ils seraient heureusement inspirés de voyager un peu sur le continent, dont le Seigneur avait Ses raisons pour nous en détacher. Il n'y a que les Juifs pour oser répéter et enseigner qu'ils constituent la race élue par Dieu alors que de toute évidence, c'est nous qui constituons la seule race élue. La preuve en est que le Maître de toutes choses S'est arrangé pour nous faire vivre à part...*

Joignant les mains, Harriet dit avec ferveur :

– Comme c'est vrai!

– Et indiscutable, qui plus est, darling. J'ai toujours prétendu que Henry possédait une clairvoyance, une rigueur de raisonnement qui s'imposent dès le premier contact... Mais je continue...

– Oh! oui...

– *...Il était temps que nous arrivions à* La Casa

Grande, *car ce n'est pas un crime, mais deux qui ont été commis et le malheureux fiancé de ma fille Susan a été jeté en prison à la suite de basses manœuvres qui foulent aux pieds les principes essentiels de la liberté démocratique. A ceux qui vous affirmeront que le fascisme a été balayé par l'Italie en 1945, vous répondrez qu'il n'en est rien. Les adversaires auxquels je me heurte ici mériteraient de porter la chemise noire. D'ailleurs je suis persuadé qu'ils la portent moralement!*

Harriet en tremblait d'indignation.

– Est-ce réellement possible, darling?

– Puisqu'il le dit, darling.

– C'est juste, darling... Excusez-moi de vous avoir sottement interrompu.

*– Lucy et moi avons failli être incarcérés par ces tyrans policiers, mais nous leur avons tenu tête au nom de la Grande Charte et je dois avouer, quoique je sois son époux, que, dans ces circonstances difficiles, Lucy a été parfaite. Vous me connaissez, Dave, et vous aussi, Harriet, je ne suis pas homme à tolérer l'injustice! Aussi, j'ai décidé de prendre les choses en main, comme à Dunkerque lorsque, par mes ruses tactiques, j'ai sauvé toute une compagnie de Highlanders désemparés, ce qui aurait dû me valoir la Military Cross, mais je n'ai pas un caractère à faire des courbettes pour obtenir même ce que je mérite. Désormais, les trois filles sont sous ma protection et ensemble, nous nous battrons jusqu'au bout pour obtenir la libération du fiancé de Susan (un garçon très distingué et qui parle suffisamment l'anglais pour être digne de vivre sur notre sol). Si jamais un malheur devait se produire, sachez que nous étions vos amis sincères. Henry et Lucy Radstock.*

*Post-Scriptum : Lucy voulait vous parler du climat, de la mer, du soleil, mais d'autres tâches nous attendent. A propos, David je crois que si cela ne vous ennuyait pas trop, vous agiriez humainement en vous rendant à Londres chez les parents de Tessa Gillengham qui habitent 239 Jackson's Lane, dans Highgate, et chez la mère de Mary Jane qui demeure au 222, Royal Crescent, dans Kensington. A tous, vous direz qu'ils n'ont aucun mauvais sang à se faire : leurs enfants sont sous ma protection.*

Harriet ne pouvait se livrer à aucun commentaire, elle pleurait. Quant à David, la paupière humide, la gorge serrée par l'émotion, il croassa :

– Je crois, darling, que nous pouvons être fiers de compter au nombre des meilleurs amis des Radstock.

Mrs Tetbury tenta de répondre, mais dans sa voix devait percer une telle quantité de larmes qu'à l'entendre parler, on eût dit les cloches de la ville d'Ys battant sous les flots.

David ne se crut pas le droit de garder égoïstement pour lui seul cette épître qui confirmait la survivance de la noblesse morale de la Grande-Bretagne en dépit des hippies, de la musique pop et des mini-jupes. Il décida d'aller la lire à son cher pub, *Le Colchique et le bleuet.*

Il n'y avait que les habitués. Ils écoutaient Tetbury. Le patron Reginald et sa femme Phoebe, accoudés au comptoir, n'en perdaient pas une syllabe. Quand David eut terminé sa lecture un immense, un solennel silence régna, où l'on eût pu entendre tous ces braves cœurs anglais battre à l'unisson. On a le droit de penser que c'est un silence de cette qualité qui baigna Goethe au soir de Valmy, lorsque tout un monde basculait dans l'histoire. Cet instant presque religieux fut gâché, avili par l'arrivée intempestive de John Ambleside, un individu pour qui rien n'était sacré et qui gagnait – bien, hélas! – sa misérable vie en qualité de bookmaker. Il salua l'assemblée et, comme on ne lui répondait pas, il remarqua les visages graves et demanda au patron :

– Quelque chose qui ne va pas?

– Notre ami Radstock.

– Il est mort?

Une telle désinvolture scandalisa Tetbury.

– Non, il n'est pas mort! Il se bat!

– Ah? Et contre qui?

– Contre les Italiens!

– Tiens! Je croyais qu'on en avait fini avec eux depuis un quart de siècle? Mais ce vieux Radstock est toujours en retard de quelques décennies...

Le boucher cria :

– Vous devriez avoir honte de tenter de ridiculiser un homme qui vous vaut cent fois!

– Allons, Shipton, vous savez comme moi que votre Radstock est une cloche prétentieuse?

Une pareille réflexion relevait du sacrilège délibéré. Ce fut le patron du pub qui se chargea de répliquer à l'iconoclaste.

– Mr Ambleside, je vous offre votre bière, car après ce que vous venez de dire, je me prendrais pour Judas si j'acceptais votre argent. Mais vous ne remettrez plus les pieds ici, s'il vous plaît, votre présence y est jugée indésirable par les gentlemen qui me font l'honneur de composer ma clientèle.

Ambleside regarda le patron, regarda les amis de Radstock, faillit se lancer dans un discours, se ravisa et sortit tout en remarquant :

– Vous êtes une fameuse bande d'imbéciles.

Après le départ du Vandale, Helmsley, le tailleur, déclara :

– Pour laver l'affront infligé à un grand absent et à nous-mêmes, je propose que nous chantions le « God save the Queen ».

Ils acceptèrent d'enthousiasme. Les promeneurs qui passaient devant *Le Colchique et le bleuet*, entendant l'hymne national, se demandèrent si le Premier Ministre avait annoncé à la télé un nouveau malheur et se hâtèrent de rentrer chez eux.

Dans leur petit appartement de Highgate, les Gillengham achevaient de déjeuner. Robert était un énorme gaillard au poil roux et aux yeux bovins. De toute sa personne émanait une force tranquille qui en faisait un agent de police bien noté par ses chefs. Sa femme, Rosemary, relevait de ces beautés puissantes paraissant avoir été mises au monde pour défricher les terres vierges et fonder des races nouvelles qui chanteraient la gloire du Seigneur dont elles se voudraient la Droite impitoyable et justicière. Rosemary n'était pas plus émotive que son époux. A les voir, à table, mangeant lentement, en silence, on pensait à de grands et beaux animaux en train de mastiquer leur nourriture dans une demi-somnolence. La pièce était meublée sans grâce, mais sans mauvais goût. Tout y était pratique, sain, lourd et anonyme. Le coup de sonnette de Tetbury ne les arracha pas à leur paix. Sans se troubler, Rosemary s'en fut ouvrir au visiteur et l'introduisit auprès de son mari.

– Mr et Mrs Gillengham, je suppose?

Le policeman leva un sourcil étonné.

– Entreriez-vous chez les gens sans savoir chez qui vous allez, mister?

– Non, non, pas du tout! Je m'appelle Tetbury, David Tetbury... Comment allez-vous?

– Comment allez-vous?

– Je suis un ami intime de Henry Radstock, de Wilton, où je demeure également.

Les Gillengham contemplaient d'un regard incompréhensif cet étranger venu leur raconter sa vie.

– La fille des Radstock, Susan, est une très bonne camarade de votre fille Tessa...

A ce moment, les Gillengham commencèrent à s'animer un peu.

– ... avec qui elle est partie en Italie, à San Remo.

– Parce que vous pensez, Mr Tetbury, que nous ne sommes pas au courant? s'enquit Robert.

– Si, bien sûr... mais il paraîtrait que ces jeunes filles ont des difficultés avec les... les autochtones. Mr Radstock, avec le courage qui est le sien, est allé à leur secours en compagnie de Lucy, son épouse, et il m'a écrit pour me prier de vous assurer que votre fille ne craignait absolument rien, qu'il la prenait sous sa protection!

Les Gillengham se mirent à rire, d'un rire bon enfant, un peu apitoyé, à la parfaite confusion de Tetbury qui ne comprenait pas. Enfin, Robert daigna expliquer :

– Mr Tetbury, nous ne nourrissons pas le moindre souci pour Tessa. Personne, jamais, ne s'avisera de lui manquer de respect, qu'il soit italien, anglais, turc ou chinois sans risquer de se retrouver à l'hôpital ou estropié pour le reste de ses jours. Je ne doute pas que votre démarche soit inspirée par un bon sentiment, mais qu'un gentleman d'un certain âge puisse se croire capable de protéger Tessa, permettez-moi de vous dire qu'il y a de quoi amuser Highgate tout entier!

En quittant les Gillengham, Tetbury, qui avait conscience de s'être montré ridicule, éprouva une forte envie de rentrer au plus vite à Wilton. Il aurait cédé à son découragement s'il n'avait touché dans sa poche (en cherchant ses cigarettes) la lettre de Henry, et le rouge de la honte lui monta au front. Comment pouvait-il songer à abandonner sa mission, alors que là-bas... David se hâta vers Kensington.

En appuyant sur le bouton de sonnette de l'appartement occupé par Mrs Muchelney, Tetbury déclencha une cascade de sons grêles, surannés, qui lui parut résonner dans un univers disparu. Sans que le visiteur ait perçu le moindre écho d'une approche, la porte s'ouvrit devant une dame aux cheveux blancs, au visage jeune et qui ressemblait à une fée dont elle avait la fragilité et le regard rayonnant. Sa voix même paraissait venir d'ailleurs...

– Vous désirez?

– Je m'appelle Tetbury, Mrs Muchelney.

– J'en suis enchantée.

– Je viens, avec votre permission, vous parler de votre fille, Mary Jane.

– Entrez donc, s'il vous plaît.

Dans le salon où il se trouvait, David se demandait s'il ne rêvait pas. Partout pendaient des étoffes transparentes, il n'était pas un meuble qui ne fut enveloppé de quelque chose qui en dissimulait ou estompait les contours. Tetbury eut l'impression d'être assis dans une grotte marine envahie par les algues. Mrs Mulcheney expliqua :

– J'ai horreur des formes trop nettes... Cela m'inflige une véritable douleur physique... Que savez-vous de Mary Jane, Mr Tetbury?

– Je suis envoyé par Mr Radstock, le grand Radstock de Wilton dont la fille, Susan, est très amie avec la vôtre...

– Je sais. Elles sont ensemble en Italie, pour l'instant.

– Justement... Il paraîtrait que ces demoiselles ont eu des ennuis, là-bas...

– Pourquoi?

– Pardon?

– Je vous demande pourquoi Mary Jane aurait eu des ennuis?

– Le monde n'est pas très joli et...

– Non, Mr Tetbury... Je constate, avec regret, que vous êtes pareil aux autres... Vous croyez au mal, à la mort, à la souffrance, enfin à ce que tous les hommes, dans leur imagination malsaine, ont inventé de laid, de vilain, de dégoûtant. Ma fille, Mr Tetbury, est un cristal limpide... Comment pourrait-on lui faire de la peine? Mr Tetbury, vous êtes aussi aveugle que ceux que je regarde s'agiter, à travers ma fenêtre. Je vous plains beaucoup, Mr Tetbury, et je vous remercie de votre visite.

Avant qu'il ait pu trouver une réponse, David se trouvait reconduit dans le minuscule vestibule où des boules de verre de couleurs différentes pendaient du plafond. Le mari de Harriet ne comprenait pas. Aussi, avant de sortir, Tetbury voulut-il en avoir le cœur net.

– Mrs Muchelney... Je crois que Mary Jane n'a plus son père?

La petite femme ouvrit de grands yeux.

– En voilà une idée!

– Vous... Vous n'êtes pas veuve?

– Ah! je vois... En effet, c'est l'étiquette qu'on m'a attribuée du jour où Richard est parti.

– Où est-il parti?

– Il n'a pas voulu me le dire. C'est une surprise. Richard aime beaucoup les surprises. Un jour, il m'écrira pour me demander de le rejoindre... Nous serons, de nouveau, très heureux...

– Mais, enfin...

– Au revoir, Mr Tetbury.

Dehors, David, éberlué, faillit se faire écraser par un taxi dont le chauffeur l'injuria, et c'est seulement de cette façon qu'il put se convaincre qu'il n'avait pas rêvé. Il fila prendre son train pour rentrer chez lui.

Le soir, tandis qu'ils mangeaient du fromage sec, avec des biscuits non moins secs et en buvant du thé pour essayer de faire passer ce magma compact, David expliquait à sa femme son double échec londonien. Sentimentale, Harriet était davantage encline à excuser Mrs Muchelney perdue dans ses songes sympathiques que les Gillengham trop sûrs d'eux. Tetbury se demanda s'il devait ou non aller mettre les habitués du pub au courant de ses inutiles démarches. Il décida que ces gentlemen n'avaient pas à connaître de tout et, fatigué, il gagna sa chambre où, avant qu'il ne s'endorme, Harriet l'obligea à boire une tasse de tilleul.

Au milieu de la nuit, David réveilla sa femme pour lui demander si elle se rappelait ce qu'il s'était passé à la bataille de Waterloo. Cette question saugrenue plongea la malheureuse Harriet dans une stupéfaction si profonde qu'elle se rendormit sans que son époux ait eu le temps d'expliquer sa pensée. Il la secoua derechef. Elle gémit :

– Qu'est-ce que vous voulez, Dave ?

– Vous parler de Waterloo.

– Vous estimez réellement que c'est le moment ?

– Dites-moi ce que vous savez de Waterloo, Harriet ?

– C'est une bataille. Nous y avons rossé les Français.

– De quelle façon ?

– Mais de la façon habituelle, darling, avec des fusils, des canons et toutes sortes d'armes, quoi ! Bonsoir, Dave... je n'en peux plus, tellement j'ai sommeil...

Elle dormait avant d'avoir achevé sa phrase et Tetbury, se retournant dans son lit, pensa qu'il y a des moments où un homme, fut-il marié à la meilleure des femmes, se sent très seul.

Le lendemain matin, durant le breakfast, Harriet s'inquiéta de ce qui avait pu pousser son cher mari à tenter de lui administrer un cours d'histoire au milieu de la nuit. Dave répondit que c'était parce qu'il avait pris une décision d'une gravité exceptionnelle et que, pour la lui annoncer, il importait d'abord qu'elle se souvînt de Waterloo. Harriet dut avouer qu'elle ne s'était jamais intéressée particulièrement aux batailles livrées par les soldats de Sa Majesté et qu'elle ne voyait, au surplus, aucune raison pour que ce qui s'était déroulé cent cinquante ans plus tôt puisse influencer une décision de son cher mari.

– Harriet, je vous prie de m'écouter : qui a gagné à Waterloo?

– Sir Wellington.

– Parfait, mais savez-vous qu'il a failli être vaincu par ces diables de Français commandés par cet extraordinaire génie qu'était Napoléon?

Vexée dans sa foi quant à l'indiscutable supériorité britannique, Harriet protesta avec le bon sens terre à terre de ses compatriotes :

– En tout cas, c'est lui qui a gagné!

– Parce que Blücher est arrivé.

– Qui est-ce?

– Un Allemand qui était notre allié, à l'époque. Wellington, en dépit de sa ténacité, malgré le courage de ses troupes, était bel et bien contraint de battre en retraite, lorsque les Prussiens arrivèrent et rétablirent la situation en faveur de nos armes.

– Et alors?

– Cela démontre, me semble-t-il, que même lorsqu'on croit être le plus fort, il peut surgir des difficultés imprévues dont on ne se tire qu'avec l'aide d'un ami. Ainsi, là-bas, à San Remo, Henry s'imagine maître de la situation, mais qui nous prouve qu'il ne subira pas une attaque imprévue et que sans l'aide d'un Blücher, il ne va pas essuyer une défaite dont il ne se remettrait pas?

Harriet ne voyait toujours pas où devait aboutir

la digression historique de son époux. Il l'éclaira en quelques mots :

– C'est pourquoi, Harriet, je vous serais obligé de préparer nos valises, nous partons pour San Remo!

– Vous voulez dire... vous et moi?

– Vous et moi, en effet.

– Mais...

– Il n'y a pas de « mais », Harriet. Ne sommes-nous pas les meilleurs amis des Radstock?

– Je le pense, darling.

– Alors, nous n'avons pas le droit de les laisser se battre seuls dans un pays aux trois quarts sauvage, où l'on ignore jusqu'au porridge...

– Ce n'est pas vrai!

– Hélas! si...

– Mais comment s'y prennent-ils pour élever leurs enfants?

– Je l'ignore. Mais il est certain que l'amitié fraternelle qui nous unit aux Radstock nous oblige à prendre notre part des dangers qu'ils courent. Pensez encore, Harriet, combien ils doivent souffrir de cet épouvantable climat. Maintenant, ma très chère femme, plus un mot. Nous partons pour l'Italie.

– David... dans quelle direction est-ce, l'Italie?

Tetbury tourna un peu sur lui-même et, après une légère hésitation, pointa un index dans une direction qui passait à travers la photographie encadrée de Winston Churchill :

– Par là!

Que la direction indiquée passât par le cigare victorieux de feu le Premier ministre parut de bon augure à Mrs Tetbury.

*
**

Dans la chambre des Radstock, à *La Casa Grande*, Lucy et Henry adjuraient leur fille de renoncer à ses rêves italiens et de rentrer avec eux en Angleterre. Susan s'y refusait avec obstination, et cet entêtement faisait dangereusement monter la tension paternelle. Quant à sa mère, elle bramait son désespoir d'avoir mis au monde une enfant qui reniait son pays, sa langue, ses parents et la nourriture anglaise. Tessa et Mary Jane, venues à la rescousse, soutenaient leur camarade dans ce conflit entre générations. Le grand homme de Wilton s'en prit à Tessa qu'il accusa de n'avoir pas assumé ses responsabilités. Ne se souvenait-elle pas qu'elle avait déclaré prendre ses camarades sous sa protection ?

– Un pareil engagement, souscrit publiquement, doit être tenu, miss, sous peine de déshonneur! Moi, à Dunkerque, quand...

Miss Gillengham était une demoiselle qu'on ne pouvait pas facilement faire changer d'avis. Elle le dit carrément à son interlocuteur :

– Mr Radstock, je n'étais pas née quand vous étiez à Dunkerque, alors cessez, je vous prie, de nous parler d'une histoire à laquelle nous ne comprenons rien. Susan est amoureuse et, contre l'amour, on ne peut pas grand-chose. Franchement, Mr Radstock, à vous entendre, on a le sentiment que vous ignorez ce qu'est l'amour! Tandis que moi, je le sais!

Henry ricana avec méchanceté :

– Vous croyez aimer un type qui vous déteste, que vous ne cessez de harceler sans la moindre pudeur et sans l'ombre de dignité! en agissant de la sorte, vous humiliez la Couronne!

– Je puis vous assurer, Mr Radstock, que Pietro

m'aimera de gré ou de force et que je n'inviterai pas la Reine à ma nuit de noces! Quoi que vous en puissiez croire, ce n'est pas sa place!

Elle referma la porte derrière elle avec une telle violence que, dans l'hôtel, certains se demandèrent s'il n'y avait pas eu une explosion quelque part dans la maison.

Amer, le mari de Lucy remarqua :

– Cette fille serait communiste et espionnerait pour le compte de l'Union Soviétique que je ne serais pas autrement étonné!

Mary Jane se mêla au conflit à la façon d'un aviso intervenant dans une bataille entre cuirassés.

– Je suis sûre, Mr Radstock, que vos paroles ont dépassé votre pensée. Vous avez trop d'expérience pour exiger des autres des sacrifices qui les tueraient. Tout le monde n'a pas forcément votre force d'âme, Mr Radstock... Moi, si l'on exigeait que je quitte mon cher Enrico, j'irais me noyer comme Ophélie... Au revoir, Mr et Mrs Radstock, je vous souhaite une agréable journée.

Elle s'en fut, légère, aérienne, et Henry confia à sa femme.

– Elle est bien cette petite... pleine de bon sens... Elle a vite remarqué que j'étais d'une taille au-dessus... Susan, je ne suis pas un monstre et je ne tiens pas à ce que vous souffriez... Si votre Fortunato n'est réellement pas un assassin, si on le libère avec des excuses, alors vous nous l'amènerez, et votre mère et moi le jugerons en toute impartialité.

Heureuse, Susan affirma à ses parents qu'ils étaient les meilleurs parents du monde et qu'elle ne doutait pas que Fortunato leur plairait, mais qu'il fallait pour cela que le commissaire Prizzi reconnaisse son erreur et ce policier semblait très entêté. Henry eut un petit sourire.

– Ne vous tracassez pas, Susan, le cas échéant, je

le mettrai au pas. A Dunkerque, j'avais un sergent...

– Inspecteur, ce Pietro Laci ne me plaît pas... Il s'acharne un peu trop contre son collègue que nous avons gardé à vue. J'ai l'impression qu'un de ces deux garçons, même s'il n'est pas coupable, connaît la vérité. Allez donc me chercher le nommé Laci, à *La Casa Grande*, que nous bavardions, lui et moi.

Tandis que Coni exécutait l'ordre reçu, Massimo se faisait amener Fortunato.

– Toujours pas décidé à parler?

– Que pourrais-je vous dire, signor commissaire, sinon que je suis innocent et que lorsque j'ai vu le cadavre de Josefina, j'ai eu tellement peur...

– Pourquoi?

– Ma qué! Parce que tout le monde, dans l'hôtel, était au courant de nos relations à Josefina et à moi... J'étais sûr qu'on m'accuserait!

– Pas très malin, hé?

– Non, pas très, mais je ne l'ai compris qu'après.

– Figurez-vous, Fortunato, que j'ai envie de vous croire.

Marineo s'exclama, joyeux :

– C'est vrai? je vais être libéré?

– Doucement! nous n'en sommes pas encore là... Pour vous relâcher, il est nécessaire, indispensable que je mette quelqu'un à votre place.

– Ah?

– Pour ma réputation. Comment étiez-vous habillé lorsque vous avez fait cette macabre découverte?

– Je devais aller me promener avec Susan Radstock et c'est pourquoi je me suis rendu auprès de Josefina à 18 h 10 au lieu de 18 h 30. J'avais passé un costume léger : pantalon de flanelle grise, blazer à carreaux gris et blancs et un foulard rouge autour du cou en guise de cravate.

Coni entra pour prévenir le commissaire que Laci était là. Prizzi recommanda à Fortunato :

– Interdiction absolue – vous entendez? absolue! – de dire quoi que ce soit même si celui que je vais interroger prononce à votre endroit des accusations qui pourraient vous indigner. Votre liberté éventuelle est à ce prix.

– D'accord, signor commissaire, je n'ouvrirai pas la bouche.

– Parfait. Amenez-le-moi, Inspecteur.

En entrant, Pietro ne vit que Fortunato.

– Assassin!

Le fils de donna Imperia ne bougea pas et d'un signe de tête le commissaire l'approuva puis il s'occupa de Pietro.

– Signor Laci, je vous rappelle à la décence! Je ne tolérerai pas que vous insultiez quiconque en ma présence. Compris?

– Excusez-moi, signor commissaire.

– Vous détestez Fortunato Marineo, hé?

– Il a tué celle que j'aimais!

– Vous le détestiez avant ce meurtre, non?

– Si! Toujours à cause de Josefina... Il n'avait pas le droit de la rendre malheureuse!

– Plus simplement exprimé, cela signifie que vous étiez jaloux.

– Oui.

– Oubliez un instant votre aversion envers le prisonnier, signor Laci, et répondez-moi! êtes-vous certain que c'est bien Fortunato que vous avez vu sortir de la chambre de la victime?

– Certain, signor commissaire!

– Pas la moindre chance que vous vous soyez trompé?

– Pas la moindre!

– Si le jury croit en votre parole, signor Laci, votre collègue va passer sa vie en prison.

– Ce sera bien fait!

– Quelle heure était-il quand vous avez surpris Fortunato?

– 18 h 30.

– Signor Laci, comment était habillé l'assassin supposé lorsqu'il a quitté la chambre de Josefina?

– Il portait son costume bleu de réceptionniste.

– Vous en êtes certain?

– Absolument!

– Je suis navré pour vous, Pietro Laci.

– Navré? pourquoi, signor commissaire?

– Parce que vous avez menti à la justice, vous avez fait un faux témoignage et qu'une pareille attitude ne saurait s'expliquer que si c'est vous qui avez tué Josefina Pamparato!

– Je vous jure...

– Assez de serments, mon bonhomme! tu mens depuis le début! Fortunato, ce soir-là, était vêtu d'un pantalon de flanelle et d'un blazer à carreaux!

– Ah! oui, je me souviens maintenant!

– C'est sûr, ce coup-ci?

– Oui, oui... Sur le moment... mais maintenant, je me rappelle fort bien...

– Tu es tombé dans le piège, Pietro. Marineo était vêtu du costume qu'il porte à la réception! Tu ne l'as jamais vu sortir de la chambre de Josefina! Reconnais-le avant que les choses n'aillent trop loin!

Pietro ouvrit et referma spasmodiquement la bouche, tenta de parler, n'y réussit pas et s'effondra en larmes.

– Alors, tu te décides à dire enfin la vérité?

– Je... je n'ai pas... pas vu Fortunato ce soir-là... Mais j'avais entendu Josefina lui donner rendez-vous...

– Oui.
– Et tu es allé la voir avant pour la supplier de ne pas recevoir ton rival.
– Elle était morte quand je suis arrivé... Affreux... J'ai failli hurler... et je me suis sauvé...
– Tu mens encore, Pietro... Elle était vivante... Tu l'as suppliée de ne pas recevoir Fortunato... Tu lui as reparlé de ton amour et elle s'est moquée de toi, alors tu as perdu la tête, tu lui as serré la gorge pour l'obliger à se taire et tu as serré trop fort, pas vrai, petit?
– Non! non! non! je l'ai trouvée morte...
– Comment espères-tu me convaincre puisque tu mens depuis le début de cette affaire? Tu vas prendre la place de Fortunato en cellule.
– Je suis innocent!
– Faudra le prouver... Emmenez-le, Coni...

Le retour de Fortunato innocenté à *La Casa Grande* suscita des mouvements divers. Si donna Imperia, son frère Anselmo, les Radstock et Mary Jane témoignaient de la joie la plus vive, les Pamparato proclamaient à qui voulait les entendre qu'on assistait au plus scandaleux déni de justice de tous les temps et Ludovico jurait que si Fortunato avait l'audace de se présenter devant lui, il lui trancherait la gorge sans barguigner. Albertina affirmait que l'on vivait le temps de la honte et que le commissaire Prizzi était un vendu que donna Imperia avait acheté avec tout l'argent qu'elle et son mari avaient volé depuis qu'ils étaient entrés à l'hôtel. Le directeur se cantonnait dans une stricte neutralité et mettait les uns et les autres en garde contre des propos qui, répétés, pouvaient conduire en correctionnelle. Ne participant pas à la joie du clan Marineo, ni à la colère du clan Pamparato, Tessa Gillengham souffrait. Elle refusait d'envisager la culpabilité de celui qu'elle aimait et elle résolut d'aller le lui dire.

Insensiblement, dans sa cellule, Pietro Laci commençait à changer d'optique à l'égard de Josefina Pamparato qui l'avait si souvent humilié de son vivant et qui le plaçait en danger de perdre à jamais sa liberté, par sa mort. Il fallait qu'il soit fou pour s'entêter à chérir une garce uniquement préoccupée de dénicher un bon parti. Pietro se voyait obligé de reconnaître qu'il s'était conduit comme un imbécile et se mettait à éprouver des remords pour sa conduite envers ce pauvre Fortunato qui plus malin que lui, avait jugé lucidement Josefina.

Le prisonnier en était là de ses réflexions lorsqu'on vint l'avertir que miss Gillengham demandait à lui parler. Le premier mouvement du garçon fut de refuser, mais il se sentait si seul, si abandonné qu'il accepta de voir celle que, jusqu'ici, il tenait pour une emmerdeuse.

A sa manière, l'Anglaise ne se perdit pas en discours inutiles :

– Je suis au courant de vos mensonges, darling. Ce n'est pas beau. Je suis persuadée qu'en sortant d'ici, vous irez présenter vos excuses à Fortunato et que vous redeviendrez amis.

Il secoua la tête.

– Je ne suis pas près de sortir. Ils se figurent que c'est moi qui ai tué Josefina.

– Ils se trompent.

– Comment le savez-vous?

– Mais parce que je vous aime et que je serais incapable d'aimer un assassin! Je vous arracherai à tous ces imbéciles, Pietro, et nous partirons ensemble pour l'Angleterre!

Le cœur de Pietro Laci creva et il se jeta dans les bras de Tessa. Sous les yeux de l'agent Leonardo

Panteletti, les deux jeunes gens échangèrent leur premier baiser.

Fortunato, dans la chambre des Radstock, tenant Susan par la main, affrontait les parents de sa bien-aimée.

– Ainsi, Mr Marineo, on vous a relâché?

– On a reconnu mon innocence. Je ne doute pas que votre intervention ait fortement troublé le commissaire Prizzi...

– Je ne suis pas loin de partager votre opinion.

– ... et je tiens à vous en remercier.

Henry eut un geste désinvolte de la main.

– Si, si, Mr Radstock, je veux que vous sachiez combien je vous suis reconnaissant de votre impétuosité, de votre courage... Il est vrai que lorsqu'on s'est trouvé, il y a vingt-cinq ans, dans les terribles conditions où vous vous êtes trouvé pour vous en sortir à votre honneur, une petite histoire comme la mienne a dû vous paraître bien banale!

– Ce n'est pas l'importance de la cause qui suscite l'intérêt, jeune homme, mais sa justice. A mon tour d'être franc. Quand je suis arrivé ici, je n'aimais guère votre pays ni ceux qui l'habitent. J'avoue que depuis notre installation à *La Casa Grande*, nos opinions – celle de Mrs Radstock et la mienne – ont quelque peu évolué. Vous-même, mon garçon, vous m'apparaissez sous un jour nouveau et parfaitement sympathique.

– Merci, monsieur.

– Ainsi, vous souhaitez épouser Susan, notre fille?

– C'est mon plus cher désir.

– Qu'en pensent vos parents?

– Ma mère est d'accord.

– Donc, rien ne vous retient en Italie?

– Rien.

– Pas d'empêchement à ce que vous veniez habiter avec nous?

– Aucun.

– Mais, croyez-vous que vous vous plairez en Angleterre?

– Je me plairai partout où sera Susan.

Lucy versa quelques larmes discrètes : l'émotion et le regret. Elle ne se rappelait pas que Henry ait montré un tel enthousiasme lorsqu'il avait sollicité sa main.

– Et vous, Susan, tenez-vous à épouser ce garçon?

– Oh! oui, Daddy!

Radstock se tourna vers sa femme.

– Eh bien! chère, que pensez-vous que nous devions décider?

– Vous êtes seul juge en la matière, Henry.

On nageait dans un optimisme béat, dans une fraternité italo-britannique totale lorsque la porte de la chambre s'ouvrit brutalement sous la ruée d'un Ludovico furieux qu'Albertina essayait de retenir par ses basques tandis que don Pasquale affolé poussait des cris de poulet surpris par le faucon. En dépit de son flegme, Henry parut décontenancé un instant, mais il se reprit bientôt et demanda :

– Eh! vous, là, l'homme de la cuisine, qu'est-ce que vous venez faire ici?

Ludovico, d'une part, ne comprenait pas l'anglais et d'autre part, n'avait d'yeux que pour Fortunato.

– Ma qué! tu es là! on me l'avait assuré et je ne voulais pas le croire! tu oses te promener dans une maison où le sang que tu as répandu crie vengeance!

Radstock revint à la charge.

– Sortez, l'homme de la cuisine, sinon je vous jette dehors!

Pamparato repoussa le père de Susan d'une bourrade en hurlant :

– Fortunato, si tu as la foi, c'est le moment de demander pardon à Dieu, parce que je te tue!

Le directeur supplia le chef :

– Pamparato, pensez à l'honneur de notre maison!

– Ce n'est pas une maison, mais un coupe-gorge!

Henry, qui avait ôté son veston, tapa sur l'épaule de Ludovico qui se retourna et se trouva en face d'un vieil Anglais très digne qui s'était mis dans la position du parfait boxeur telle que la voulait voir le marquis de Queensberry. Etonné, l'Italien s'enquit :

– Qu'est-ce qu'il veut, celui-là?

Susan répondit pour son père.

– Vous rosser!

– Me rosser, moi?

Pamparato se mit à rire et de façon si dédaigneuse que Radstock sentit qu'il lui fallait, comme autrefois à Dunkerque, combattre pour l'honneur de l'Angleterre et il adressa un très joli direct du gauche sur le nez du chef qui, méprisant toutes les règles du noble art, se précipita sur le malheureux et le roua de coups de poing et de coups de pied. Lucy hurlait, don Pasquale protestait, Fortunato tenta de défendre son futur beau-père et reçut une terrible nasarde qui l'envoya directement dans la salle de bains. La partie était perdue pour la Couronne lorsque Tessa apparut. Elle jugea très vite la situation et fonça. Longtemps après, Pamparato reconnaissait qu'il n'avait jamais su ce qui lui était arrivé et de quelle façon il s'était retrouvé, la nuque et la gorge douloureuses, agenouillé devant les water. Tessa, tout entière livrée à la fureur guerrière, n'avait pas eu le loisir de savoir où se cantonnaient ses alliés, si bien que don Pasquale, venu la féliciter, encaissa un direct où miss Gillengham mit tout ce qui lui restait de force en vue d'assurer sa victoire définitive. Frappé dans la seconde qui suivit d'un crochet au menton appuyé d'un coup de genou dans ses latitudes inférieures, le directeur émit un couinement de souris, partit à reculons, les yeux clos, passa à travers la porte ouverte, franchit le couloir, atteignit la balustrade et aurait, sans aucun doute, basculé par-dessus, si la poigne solide de donna Imperia ne l'avait retenu. Femme énergique, ne perdant pas des minutes précieuses en questions stupides, elle emporta don Pasquale dans ses bras jusqu'à sa retraite et se mit à le soigner à la manière dont on dorlote un bébé. Au bout d'un quart d'heure, don Pasquale revint à lui et, enfonçant son visage dans la belle poitrine de donna Imperia il y pleurnicha de désespoir. Emue, la mamma de Fortunato caressa maternellement la nuque ridicule de son directeur et ce dernier, bouleversé par cette marque d'affection qu'il voulut prendre pour une marque de tendresse, se hasarda à une caresse précise sur le sein gauche de donna Imperia. Il n'aurait pas dû.

– Don Pasquale! vous! vous avez osé?

– Je... je vous aime, Imperia mia!

– Oh! vous prétendriez vouloir pour femme celle qui demeurera éternellement fidèle à l'irremplaçable Alberto Marineo, la lumière de ma vie, la crème des hommes, le génie de la gastronomie? Vous mériteriez que je vous écrase! Fichez le camp, espèce de larve impudique avant que je ne me mette en colère pour de bon!

Encore une fois catapulté, le directeur traversa à nouveau le couloir sans pouvoir se retenir à quoi que ce soit jusqu'au moment où l'inspecteur Coni, l'attrapant au vol, l'obligea à rester tranquille. Courtois, Prizzi s'informa :

– C'est votre heure de culture physique, don Pasquale?

– Si vous saviez... si vous saviez...

– Si je savais... quoi?

Sans attendre de réponse, craignant le pire, le commissaire se précipita dans la chambre que le directeur lui indiquait et où l'inspecteur le suivit en emportant don Pasquale. Le spectacle y était curieux, même pour un policier. Lucy tentait de faire reprendre ses sens à Radstock, Susan imitait sa mère, mais auprès de son Fortunato, tandis qu'Albertina ne s'arrêtait de baigner les tempes de son mari que pour invoquer tous les saints envers lesquels elle nourrissait une particulière dévotion et ils étaient nombreux. Don Pasquale, écrasé par un destin implacable, ne put que dire :

– Vous voyez, signor commissaire?

– Qui a fait ça?

Tessa s'avança et montrant Radstock, elle déclara :

– C'est le travail de Ludovico... Moi, je m'en suis prise au vainqueur et, par erreur, au directeur.

Coni, dans un élan d'enthousiasme, cria :

– Bravo! Bravissimo, signorina! Patron, quelle femme!

Moins emballé, Massimo s'enquit :

– Et la cause de ce massacre?

– Toujours le meurtre de cette fille.

Pamparato s'approcha, soutenu par Albertina. Radstock parvint à retrouver la station verticale avec l'aide de sa femme, alors que Fortunato feignait de souffrir encore pour que Susan continuât de l'embrasser. Le commissaire les contempla tous et, mi-sévère, mi-ironique :

– Vous pensez que vous vous conduisez comme des gens civilisés?

Tessa répondit à Prizzi :

– Ils sont tous fous... Et pour une histoire qu'ils ont peut-être inventée!

Hommes et femmes fixèrent miss Gillengham.

Massimo se fit l'interprète des assistants pour réclamer des précisions :

– Qu'entendez-vous par histoire inventée, signorina?

– Vous arrêtez Fortunato parce que Josefina l'aimait; vous arrêtez mon pauvre Pietro parce qu'il aimait Josefina; demain, ce sera le tour de qui? Pourquoi pas le signor Anselmo que j'ai vu faire les doux yeux à cette demoiselle? et le directeur qui ne savait rien lui refuser de l'avis de tous?

– Où voulez-vous en venir, signorina?

– Qu'au fond, signor commissaire, pardonnez-moi de vous le dire, vous ignorez complètement pourquoi on a tué Josefina Pamparato.

– Et pourquoi aurait-on assassiné cette jeune fille si ce n'est pas à cause d'une histoire d'amour?

– Peut-être parce qu'elle avait vu celui qui a tué l'autre signor... le sous-directeur?

Soudain – comme si les mots prononcés avaient eu un pouvoir magique – l'atmosphère changea du tout au tout. Plus de cris, plus d'imprécations, plus de menaces, mais un silence plus dangereux que toutes les malédictions.

## V

Massimo plongeait son croissant dans son café lorsqu'il suspendit son geste pour remarquer à haute voix :

– Après tout, elle a peut-être raison...

Eleonora (qui prenait du thé, avec une biscotte et une pellicule de beurre) regarda son mari, un peu désorientée.

– Ma qué! Massimo, à qui et de qui parles-tu?

– A moi-même, amor mio, en pensant à cette

Anglaise, Tessa Gillengham, qui nous a fait une réflexion, hier à *La Casa Grande*.

Incontinent, Prizzi raconta à son épouse les événements assez surprenants qui s'étaient déroulés à l'hôtel la veille et comment la jeune Tessa, après avoir démontré une force et une habileté que bien des garçons lui envieraient, avait – peut-être – témoigné d'un grand bon sens en mettant en doute le motif jusqu'ici attribué au meurtre de Josefina Pamparato.

– Si cette petite a raison, Eleonora, il me faut reconsidérer le problème. La passion amoureuse n'entre plus en ligne de compte, tout devient plus sordide. Dans l'hypothèse de la Britannique, la mort de Josefina ne peut s'expliquer que parce qu'elle sait qui a tué Margone et dans ce cas, on a voulu éliminer un témoin gênant, ou alors parce qu'elle a voulu faire chanter le criminel – ce qui expliquerait la remarque faite à Fortunato quant à un avenir doré et qu'il n'a pas prise au sérieux – et elle aurait payé de sa vie sa cupidité et son amoralité. Enfin, chose plus importante et plus grave encore, si l'insulaire a vu juste, cela signifie que le trafic de drogue n'était pas assuré par le seul Margone. Dès lors, il me faut admettre qu'ils étaient plusieurs à patauger et à s'enrichir dans cette sale histoire.

– La besogne te serait-elle facilitée?

– Facilitée! non, ma qué! disons que je n'aurais plus à avancer que dans une seule direction au lieu de perdre mon temps à chercher ma route.

– Et si tu demandais du renfort à Gênes?

– Tu es folle ou quoi, Eleonora mia? Je dois réussir ou échouer seul, si je veux nourrir l'espoir de t'emmener un jour, définitivement, à Milan.

La signora Prizzi poussa un hennissement de joie et, se levant, elle s'en fut, câline, embrasser son mari avec l'espoir obscur que ses caresses le mettraient plus vite et plus facilement sur la trace des trafiquants. En Italie, comme ailleurs, les femmes ont une grande confiance dans leurs moyens.

Ayant fini de déjeuner, Massimo – très coquet – effectua un ultime passage dans la salle de bains pour voir s'il était rasé d'assez près et s'il ne fallait pas qu'il se donne un léger coup de vaporisateur sur les tempes. Eleonora, appuyée au chambranle, le regardait en souriant :

– Ma qué! c'est don Giovanni que j'ai épousé!

Dans sa cellule, Pietro serait devenu fou d'angoisse s'il n'avait eu la visite de la solide Tessa. Il comprenait qu'il s'était totalement fourvoyé en s'intéressant à Josefina qui n'aurait jamais été une vraie compagne pour lui. Il s'avouait qu'il avait eu beaucoup de chance de rencontrer l'Anglaise et qu'elle ait continué à l'aimer en dépit de ses rebuffades. Pietro éprouvait un sentiment de honte en pensant à ses faits et gestes de ces dernières semaines. A croire que Josefina lui avait ôté sa raison. Il ne voyait qu'elle. Si longtemps qu'il vivait seul, Pietro... La perspective de posséder un foyer, avec une femme qui l'aiderait à tenir le coup et des bambini, lui mettait de douces chaleurs dans le corps. Il se sentait en forme. Oh! sans doute n'envisageait-il pas sans une certaine appréhension d'aller vivre à Londres, mais cela ne lui déplaisait pas de changer de cadre. Ainsi, il ne penserait plus à Josefina.

Pietro ne dormit pas, cette nuit-là. Il songeait à la manière dont il s'était conduit envers Fortunato, autrefois son meilleur ami. Seulement, Josefina était venue... Qui pouvait l'avoir tuée? Pietro avait les larmes aux yeux en réalisant qu'on avait eu le courage de serrer à mort ce cou qu'il eût tant voulu caresser, embrasser... Que pouvait-elle lui avoir fait à celui-là pour qu'il soit allé jusqu'à l'assassiner?

Pietro s'était tourné et retourné sur sa paillasse dans l'impossibilité de trouver le sommeil tant il se reprochait d'avoir dit ce qu'il avait dit de Fortunato. C'est vrai qu'en entendant Josefina lui donner rendez-vous dans sa chambre, il avait failli hurler de rage et de souffrance aussi. Il était sûr que Fortunato ne résisterait pas, en dépit de sa tendresse pour Susan Radstock. Il ne voulait pas que Josefina devînt la maîtresse de Fortunato et lorsque l'heure du rendez-vous avait été sur le moment de sonner, il s'était précipité dans l'ascenseur pour aller parler à la fille des Pamparato, pour la supplier de ne pas se donner à un autre, pour lui jurer qu'il en mourrait. En arrivant, il avait aperçu un homme quittant la chambre de Josefina, quelqu'un qui se hâtait de façon si insolite qu'elle ressemblait presque à une fuite. En voyant Josefina, Pietro avait compris pourquoi l'autre se sauvait.

Pietro savait maintenant que ce n'était pas Fortunato qui quittait la chambre de Josefina sous ses yeux. Un instant, il l'avait cru, sans grande conviction, puis sa haine, son chagrin s'étaient mélangés pour le persuader. Jusqu'à ce qu'il soit tombé dans le piège tendu par le commissaire, Laci ne s'était pas posé de questions. Ce ne pouvait être que Fortunato, donc c'était Fortunato. Il n'avait réellement pris conscience de son mensonge et de sa malhonnêteté que lorsqu'il avait été démasqué par Prizzi. A présent, il sortait de sa fausse sincérité en se demandant comment il avait pu se comporter de la sorte. Il en pleurait de dégoût. Et puis, brusquement dans la solitude du cachot, il se demanda qui était l'homme auquel il n'avait plus pensé depuis qu'il avait dénoncé Fortunato et Pietro sut de qui il s'agissait. Sur le moment, il demeura tellement saisi qu'il n'arrivait pas à trouver la force d'appeler, puis il se mit à crier.

Elégant, désinvolte, répandant un discret parfum de lavande, Massimo Prizzi, ce matin-là, plus encore que d'ordinaire, fit accélérer le pouls des dames rencontrées dans les locaux de la police. Le commissaire était heureux sans qu'il sut trop pourquoi. Coni, immédiatement convoqué pour son rapport, déclara que la nuit avait été calme, que rien de notable ne s'y était produit, mais que depuis deux ou trois heures, le prisonnier Pietro Laci ne cessait de réclamer le signor commissaire à qui – soi-disant – il aurait des révélations à faire. Prizzi haussa un sourcil perplexe, mais son absurde euphorie était telle qu'après un instant d'hésitation, il ne douta plus que le nommé Pietro devait être devenu un instrument du destin concourant à sa gloire.

– Amenez-le-moi, Coni.

Les yeux du liftier de *La Casa Grande* brillaient de fièvre lorsqu'il prit place en face du policier.

– Alors, Pietro, tu as quelque chose à me confier, paraît-il?

– Signor commissaire, j'ai réfléchi presque toute la nuit... C'est vrai, vous savez, que j'avais cru voir Fortunato sortant de la chambre de Josefina, sans doute parce que j'étais convaincu qu'il ne pouvait s'agir de quelqu'un d'autre... J'avais confiance en Josefina... la garce!

– Elle est morte, Pietro.

– Elle est morte en garce qu'elle était! Je vous ai menti, mais à moitié seulement, tant ma haine envers Fortunato me brouillait le regard... Je ne sais de quelle façon m'expliquer, signor commissaire... J'étais tellement imprégné de mon mensonge qu'il était devenu vérité pour moi...

– Tu veux me persuader que tu ne t'es pas livré à un faux témoignage en accusant Fortunato?

– Apparemment, c'en était un, mais pas dans le fond.

– Continue.

– Après que vous m'ayez rendu à la raison, signor commissaire, j'ai cru que j'avais tout inventé dans mon besoin de nuire à Fortunato, que je n'avais vu personne quitter presque sous mon nez la chambre de Josefina... Mais cette nuit, signor commissaire, je me suis souvenu... j'ai revécu les secondes où, abandonnant l'ascenseur, je me dirigeais vers Josefina. Il est bien sorti quelqu'un que je n'ai aperçu que de dos et dont la silhouette était un peu celle de Fortunato, en un peu plus épais et un rien plus grand aussi.

– Son nom?

– Anselmo Silano, le concierge.

Pietro retourné dans sa cellule, et pendant que l'inspecteur allait chercher le concierge, Massimo estimait que les événements étaient peut-être en train de donner raison à Tessa Gillengham. Qui, en effet, mieux que le concierge d'un grand hôtel international, a la possibilité de se livrer à tous les trafics? Josefina était-elle morte parce qu'au courant des activités secrètes d'Anselmo, elle avait voulu le faire chanter?

Le concierge l'avait-il tuée par crainte d'une dénonciation? Ou même avait-il obéi à un ordre venu d'ailleurs? Dans ce cas, il ne serait pas besoin de chercher plus longtemps le meurtrier de Margone.

Toujours calme, toujours souriant, Anselmo Silano se tenait devant le commissaire qui ne pouvait s'empêcher de constater que les hommes de la famille de donna Imperia étaient vraiment beaux.

– Signor commissaire, puis-je me permettre de vous prier de me retenir le moins longtemps possible? mon service...

– Hélas! signor Silano, je crains fort que vous ne retourniez pas de si tôt à *La Casa Grande.*

– Ma qué! Pour quelles raisons?

– Ecoutez, Silano, nous allons jouer cartes sur table... Vous êtes intelligent et je suis sûr que si vous constatez que la partie est perdue, vous aurez le courage de le reconnaître...

– Pardonnez-moi, signor commissaire, mais...

– ... mais vous ne comprenez pas? Qu'à cela ne tienne, je vais vous fournir les explications nécessaires. Vous vous rappelez que Pietro Laci avait déclaré avoir formellement reconnu votre neveu dans l'homme quittant la chambre où il allait entrer pour y trouver Josefina morte. Je l'ai convaincu de mensonge. Une fois qu'il a eu accepté la chose, il s'est persuadé qu'il avait tout inventé puis, la nuit aidant, il s'est souvenu qu'au moment où il arrivait, il avait bel et bien vu un homme. Vous, avez-vous vu Pietro à cet instant?

– A peine.

– Ah?

– Je lui ai tourné le dos et je me suis hâté.

– Je vous remercie de votre franchise, Silano. Vous reconnaissez-vous coupable du meurtre de Josefina Pamparato?

– Pas du tout, signor commissaire. J'en suis navré pour vous, mais la courtoisie a ses limites et je ne saurais endosser la responsabilité d'un meurtre à seule fin de vous être agréable.

– Dans ce cas, dites-moi donc ce que vous fabriquiez dans sa chambre?

– Je connaissais trop Josefina. C'était une fille rusée et prête à n'importe quoi pour arriver à ce qu'elle voulait.

– Capable de pratiquer le chantage?

– Si elle en avait eu l'occasion, je pense que oui, mais je ne vois pas qui elle aurait pu faire chanter à *La Casa Grande*.

– L'assassin de Margone, par exemple?

– Parce que vous croyez...

– Ne vous préoccupez pas de ce que je crois et continuez à m'apprendre pourquoi vous vous êtes rendu auprès de Josefina?

– J'étais au courant du rendez-vous avec mon neveu. J'aime beaucoup Fortunato. Je n'ignorais pas qu'il n'était guère de taille à discuter avec Josefina. Alors, je résolus de rencontrer la petite un peu avant mon neveu et de lui flanquer la frousse.

– Vous avez peut-être poussé le jeu un peu trop loin.

– Cela m'aurait été difficile, signor Commissaire, car elle était morte lorsque je suis entré.

– Quelle heure était-il?

– Pas tout à fait 18 h 30... 18 h 25 peut-être...

– Alors, elle était morte?

– D'abord, j'ai cru qu'allongée sur son lit, elle dormait, le nez dans son oreiller. Je lui ai tapé sur l'épaule. Elle n'a pas bougé. Je l'ai retournée et j'ai vu son visage... Sang du Christ! cela m'a bouleversé... Je n'aurais jamais cru que la mort puisse défigurer à ce point-là. Je dis la vérité, signor commissaire.

– Admettons-le, mais tant que vous ne trouverez pas qui est allé chez Josefina avant vous, Silano, vous resterez le suspect numéro 1. Je ne vous boucle pas – et là je commets peut-être une erreur – parce que, je ne sais pourquoi, j'ai confiance en vous.

– Merci, signor commissaire.

– Ma qué! attention, Silano! Défense de sortir de San Remo sans m'en demander la permission et aussi longtemps que le coupable nous échappera, présentez-vous chaque jour, ici, à l'inspecteur Coni ou à l'agent de service.

– Entendu.

– Signor Silano, si vous vouliez m'aider, je suis certain que nous arriverions plus vite à la solution du problème de *La Casa Grande.*

– C'est-à-dire?

– Découvrir qui est impliqué dans le trafic de

drogue ayant coûté la vie au sous-directeur Margone et, peut-être, à Josefina.

– A Josefina?

– Il est possible qu'elle soit morte pour une autre raison qu'une histoire d'amour. D'ailleurs, à part vous, Pietro et Fortunato, qui aurait pu l'aimer ou en être jaloux? Enrico Valmesta?

– Oh! non... Josefina n'était vraiment pas son genre et depuis qu'il a rencontré sa petite poupée anglaise, il est incapable de penser, en bien ou en mal, à une autre fille!

– Donc...

– Vous devez avoir raison, signor commissaire. Je ferai mon possible pour vous aider.

Resté seul, Massimo estima qu'il avait déniché, en la personne du concierge, une solide recrue – à moins que ce dernier ne se soit payé sa tête? Le commissaire répugnait à cette idée. En tout cas, il n'avait plus aucun motif de garder Pietro et il le fit relâcher.

Ce dernier ne se perdit pas en remerciements, il fonça à travers San Remo et, au risque de se faire écraser dix fois, il arriva à *La Casa Grande* en un temps record. Il se glissa dans l'hôtel par l'entrée des fournisseurs (il ne tenait pas à rencontrer le concierge qu'il venait de dénoncer à la police) se faufila dans l'ascenseur, monta jusqu'à l'étage où s'ouvrait la chambre de Tessa et comme celle-ci avait la fâcheuse habitude de ne pas fermer sa porte, il entra chez elle à la façon d'un boulet de canon. Elle était en combinaison et poussa un cri qui attira les femmes de chambre, toujours prêtes désormais à entendre des appels au secours ou des râles, mais le spectacle qui s'offrait à leurs yeux les rassura : Pietro et Tessa, étroitement enlacés, avaient oublié que le monde existait en dehors d'eux.

Dès que son jeune frère lui eut appris qu'aux yeux du commissaire, il était devenu le suspect numéro 1 pour le meurtre de Josefina Pamparato, donna Imperia s'était fait conduire au commissariat. Maintenant, elle se tenait debout, majestueuse, belle devant Massimo qui, en la regardant, pensait à Junon.

– Que me vaut le plaisir de votre visite, signora? Mais, asseyez-vous, je vous prie.

– Je ne m'assieds pas en présence de mon ennemi.

– Votre ennemi, moi! mais à quoi pensez-vous quand vous dites des choses pareilles, signora?

– Je pense à mon fils que vous avez emprisonné et que vous teniez absolument à transformer en assassin jusqu'au moment où les aveux de Pietro vous ont obligé à le relâcher! Je pense à mon frère que vous considérez comme le meurtrier de cette odieuse gamine! Vous ne jugez pas, vous, que cela suffit pour que je ne vous compte pas au nombre de mes amis?

– Signora, je suis commissaire de police.

– Ma qué! Ce n'est pas de ma faute, hé?

– Je ne me plains pas de mon état et ne souhaite pas qu'on m'en plaigne! Mais, en cette qualité, je dois résoudre le problème posé par l'assassinat de la signorina Pamparato! A mes yeux, dans cet hôtel, tout le monde est coupable tant qu'il n'a pas prouvé son innocence! Je vous en prie, signora, prenez une chaise.

Donna Imperia consentit à s'asseoir, mais remarqua :

– Cela ne m'explique pas pourquoi vous vous acharnez contre les miens?

– Veuillez réfléchir, s'il vous plaît. Qui pouvait être troublé par le charme, pervers ou non, là n'est pas la question, de la victime? Enrico Valmesta,

Pietro Laci, Fortunato Marineo et Anselmo Silano. Or, de l'opinion unanime du personnel de l'hôtel, Enrico ne se souciait pas de Josefina follement éprise de Fortunato et follement aimée de Pietro. Fortunato pouvait tuer pour se débarrasser d'une fille qui cherchait à démolir ses fiançailles avec Susan Radstock. Pietro pouvait tuer par jalousie. Or, il a été prouvé qu'ils sont innocents l'un et l'autre de ce crime. Reste votre frère, signora, qui a été vu sortant de la chambre de Josefina.

– Il l'a trouvée morte!

– Pour le croire, je n'ai que sa parole.

– Et elle ne vous suffit pas?

– Malheureusement, non.

– Vous insultez ma famille!

– Ma qué! Puisque vous êtes si forte, trouvez-moi donc un autre suspect?

– Don Pasquale.

Prizzi en eut le souffle coupé.

– Signora, si je ne vous connaissais de réputation, je penserais que l'inquiétude vous a tourné la tête! Don Pasquale! Ce petit bonhomme de rien du tout que le moindre bruit effraie!

– Avec votre respect, signor commissaire, je vous assure que c'est un cochon!

– Allons donc!

Pour convaincre Massimo, donna Imperia raconta la scène où, jouant les infirmières, elle avait dû subir l'assaut, timide sans doute, mais précis, d'un Pasquale dont, estimait-elle, la luxure animait le regard d'ordinaire fort terne.

– Pensez donc, signor commissaire, si une femme de mon âge le met dans cet état, à ce que cela peut donner avec une fille jeune, jolie et qui passait son temps à exciter les mâles de l'hôtel!

– Ça, alors...

Massimo n'en revenait pas. Don Pasquale... Une autre sorte de Pietro... Le commissaire se leva.

– Signora, je ne me permettrai pas de mettre votre parole en doute et j'ai assez confiance en votre loyauté pour croire à la vérité de l'aventure déplaisante que vous m'avez rapportée... Je me propose de demander quelques explications à don Pasquale.

– Si vous avez besoin de mon témoignage, n'hésitez pas à m'appeler, je n'ai pas peur de cet avorton!

– J'en suis persuadé, signora. Coni!

L'inspecteur entra.

– Prévenez le chauffeur. Nous allons, vous et moi, en compagnie de la signora Marineo, à *La Casa Grande*.

Anselmo tiqua un peu en revoyant les policiers, mais la présence de sa sœur le rassura. Prizzi s'avança :

– Avez-vous vu le directeur?

– Pas depuis un moment, signor commissaire. Il est sans doute dans son bureau. Voulez-vous que je l'appelle?

– Non, merci, je préfère le surprendre, ce sera plus familier. Vous venez, Coni?

– A vos ordres, signor commissaire.

Pietro, qui avait repris son poste de liftier, sourit aux policiers. Prizzi demanda :

– Alors, la vie est belle?

– Oh! oui, signor commissaire!

A la porte du bureau de don Pasquale, Coni frappa de plus en plus fort sans obtenir de réponse.

– Il ne doit pas être là.

Massimo mit la main sur la poignée de la porte qui s'ouvrit. Le spectacle n'était pas beau à voir. Le directeur était dans son fauteuil. Il semblait dormir, la tête sur la poitrine, mais inclinée un peu à gauche. Le plastron était imbibé de sang. Prizzi s'approcha et délicatement, souleva le menton de don Pasquale, mais retira son doigt presque aussitôt, le cœur sur les lèvres : la gorge béait, ouverte d'un maxillaire à l'autre. Coni siffla de surprise :

– Celui qui l'a égorgé ne risquait pas de le rater.

– Quelqu'un de furieux, sans doute.

– En tout cas, cette fois, on ne peut pas invoquer la jalousie puisque Josefina n'est plus.

– Non, et d'un côté ce meurtre arrange nos affaires, Coni. Nous savons, maintenant, que la petite Anglaise avait raison. Ce n'est pas à cause de Josefina que don Pasquale est mort, mais à cause de la drogue vraisemblablement. Dès lors, il y a des chances pour que l'assassinat de la fille des Pamparato ait eu des motifs identiques. Nous avançons, Coni, nous avançons.

– Dommage que ce soit en jalonnant notre route de cadavres.

– Dans notre métier, il est rare que nous la jalonnions de fleurs ou de jolies filles rieuses.

– Je le regrette, chef!

– Vous n'êtes pas le seul.

Lorsque Stanley fit ses premiers pas dans la forêt équatoriale, à la recherche de Livingstone, il ne dut pas prendre plus de précautions que David et Harriet Tetbury pénétrant dans le hall de *La Casa Grande*. Ils étaient persuadés que tous les microbes de la terre les attendaient pour un assaut définitif. Ils avançaient à pas menus, soupçonneux, hargneux, hostiles dans un monde qu'ils ne voyaient pas parce qu'ils ne le regardaient qu'à travers leurs préjugés. Depuis qu'ils avaient touché terre sur l'aérodrome, ils se perdaient dans des comparaisons incessantes où Wilton, ses habitants et leurs mœurs l'emportaient toujours. Plus foncièrement anglais que les Radstock, ils se prenaient pour des explorateurs allant au péril de leur santé à la recherche d'amis en détresse. Admirant leur propre courage, ils se sentaient plus fiers encore d'avoir eu la chance d'être nés outre Manche.

A la réception, ils s'adressèrent à Fortunato et lorsqu'ils eurent obtenu le numéro de la chambre qui leur était réservée (ils n'avaient pas averti leurs amis pour ne point donner l'éveil à d'hypothétiques adversaires), ils demandèrent :

– C'est bien ici, n'est-ce pas, que sont descendus les Radstock?

– Mais oui, sir. Puis-je vous demander s'ils sont de vos parents?

– Non, mais eux et nous, sommes comme les doigts de la main.

– Dans ce cas, sir, je suis heureux de vous apprendre que je m'appelle Fortunato Marineo et que je suis fiancé à miss Susan Radstock.

– Ah! c'est vous le convict?

– Pardon?

– Je constate que vous êtes sorti de prison!

– Il s'agissait d'une erreur, sir.

– Et nos malheureux amis... Sont-ils enfermés eux aussi?

– Enfermés? Sûrement pas!

– Alors, où sont-ils?

– Vraisemblablement sur la plage. Oh! Pardonnez-moi de vous quitter, mais je vois les policiers qui arrivent...

– Les policiers?

– Ils viennent enquêter sur le meurtre du directeur.

– Parce qu'on a...

– Oui... Hélas!

Harriet se cramponna au bras de son époux pour gagner l'ascenseur où le sourire de Pietro ne la dérida point. Elle se rappelait ce qu'elle avait entendu dire ou lu sur les Borgia et croyait tout de bon qu'en Italie, s'assassiner les uns les autres s'affirmait un des passe-temps les plus goûtés des autochtones. David tentait de la rassurer, mais il ne croyait pas lui-même à ses propres arguments.

Quand les Tetbury furent dans leur chambre, ils échangèrent des regards affolés. David murmura :

– Darling, si j'avais su, je ne vous aurais pas emmenée.

Harriet se retrouvait toujours dans les grandes circonstances.

– Dave, si vous courez un danger quelconque, je veux le partager avec vous et si vous devez pousser le sacrifice jusqu'à la mort, je mourrai près de vous. Unis sur la terre, nous le demeurerons au Ciel!

Emus, ils tombèrent dans les bras l'un de l'autre et lorsqu'on frappa à la porte, ils imaginèrent pendant un court instant qu'on venait les chercher pour les conduire au supplice. Mais en fait de sbire, ce fut la ravissante femme de chambre – Luisa Duillo – qui, ne voulant plus travailler à l'étage où était morte Josefina, avait été affectée à celui où logeaient les Anglais. Elle demandait si les Tetbury avaient besoin de quelque chose. Comme ils n'entendaient pas l'italien et qu'elle n'entendait pas un mot d'anglais, le dialogue fut bref et Luisa s'en fut en annonçant qu'elle allait leur envoyer quelqu'un susceptible de les comprendre et d'être compris. Peu de temps après le départ de Luisa, Fortunato se présentait pour s'enquérir des désirs des nouveaux venus. Cette marque d'attention toucha vivement les Tetbury qui estimèrent que Susan Radstock n'avait peut-être pas aussi mal choisi qu'ils le craignaient. Harriet trouvait Fortunato très joli garçon. Et, dans l'espoir d'apaiser ses angoisses, elle eut la malencontreuse idée de prier Fortunato de leur raconter ce qu'il s'était passé à *La Casa Grande* pour que la police s'y trouvât comme à son quartier général, que leur interlocuteur ait été emprisonné et que les Radstock soient entrés en conflit avec la loi italienne et ses représentants. Or, Fortunato avait la faconde de tous ses compatriotes et possédait une imagination identique à celle dont témoignent tous les habitants de la Péninsule. Sans doute, les événements qu'il rapporta étaient-ils vrais, mais il y mit une sauce telle qu'à l'écouter on se persuadait que Frankenstein était un des clients attitrés de l'hôtel.

– Cela a commencé avec le meurtre du signor Margone, notre sous-directeur. D'abord, on a cru qu'il s'était pendu, mais la police a constaté qu'on l'avait étranglé avant de le pendre.

Harriet, horrifiée, joignit les mains.

– Mon Dieu!...

– Sait-on pourquoi on a assassiné ce malheureux? s'enquit David :

– Je ne devrais pas vous le révéler, mais je vous considère un peu comme de ma nouvelle famille : il semblerait qu'il se soit livré au trafic de la drogue et que ses patrons l'aient exécuté pour des raisons que j'ignore.

Mrs Tetbury se contenta de jeter un regard dramatique à son mari.

– Quand on a trouvé Josefina étranglée à son tour...

Harriet gémit.

– ... on a d'abord pensé à une histoire d'amour. Parce que j'avais rendez-vous avec elle presque à l'heure où on l'a assassinée, la police m'a incarcéré... Mais, pour le commissaire Prizzi, le meurtre de Josefina se rattacherait à celui de Margone. Toujours la drogue, bien que je ne voie pas comment Josefina... ma qué! c'est l'affaire des policiers, hé? Depuis que je ne suis plus dans le coup, je me désintéresse de l'aventure.

Harriet balbutia :

– Vous... vous avez de... de la chance!

– Je ne pense plus qu'à Susan.

Tetbury réclama de plus amples explications.

– Dites-moi, mon garçon, quand nous sommes arrivés, vous m'avez appris que les policiers se trouvaient dans l'hôtel?

– Ils sont revenus hier, sitôt qu'on a eu trouvé le corps du directeur... Que je suis sot! Ce sont les policiers eux-mêmes qui l'ont découvert.

Dans un murmure, Harriet demanda :

– Etranglé, lui aussi?

– Non, égorgé... Une sacrée blessure... D'une oreille à l'autre! Jamais je n'aurais cru qu'un si petit homme pouvait avoir tant de sang...

Cette fois, Harriet s'évanouit et son époux se précipita pour prendre, dans sa valise, la bouteille de whisky précautionneusement emportée de Wilton.

Lorsque le chauffeur de taxi les eut déposés sur la plage lointaine de la route des Trois Ponts où les Radstock étaient venus chercher le calme, David livra sa première bataille sur la terre étrangère et ce, à propos du prix de la course. Persuadé que, dès qu'il foulerait le sol du vieux continent, il risquerait de tomber dans les pièges que ne cesseraient de lui tendre des hommes et des femmes qui, paraît-il, n'avaient d'autres distractions que de voler les malheureux Britanniques assez fous pour s'aventurer chez eux, David commença par s'écrier que le prix demandé pour la course était exorbitant. Les deux antagonistes s'exprimant dans une langue différente, tout espoir de compréhension s'amenuisait au fur et à mesure que le ton montait. Bientôt, des collègues du chauffeur se mêlèrent à la querelle et crurent, en toute bonne foi, qu'en hurlant, ils se feraient mieux comprendre de ces deux Britanniques entêtés. Harriet, qui était très près de ses sous, chercha dans son petit dictionnaire un mot qui résumerait merveilleusement son état d'esprit et l'ayant trouvé, elle rugit à l'adresse du clan ennemi :

– Ladroni!

Le tumulte qui suivit l'injure dépassa toutes les prévisions de Mrs Tetbury. Elle n'aurait jamais cru qu'on pût, au XXe siècle, assister à un spectacle pareil. Les uns mettaient leurs poings sous le nez de David en vociférant vraisemblablement des injures (l'un d'eux, hors de lui, piétinait sa casquette), les autres, à grand renfort de gesticulations et de trémolos dans la voix commentaient l'insulte de l'Anglaise en se déclarant déshonorés pour plusieurs générations. A la fin, un agent de police s'approcha, écouta les doléances de ses compatriotes puis fit signe, avec les doigts, à Tetbury qu'il lui fallait payer. David sortit de l'argent de sa poche, le flic y prit ce qu'il convenait, régla le chauffeur anéanti par l'indignation et l'exercice physique qu'elle avait entraîné, puis dispersa les adversaires dont les Tetbury, bien résolus à quitter le plus vite possible ce pays de sauvages. En posant le pied sur le sable de la plage, ils se demandaient avec angoisse dans quel état ils allaient retrouver les Radstock...

Les Tetbury mirent pas mal de temps à découvrir leurs amis. Ils n'auraient jamais eu l'idée de les chercher parmi ces couples impudiquement étalés au soleil, presque entièrement nus, montrant tout ce qu'ils pouvaient montrer sans encourir les foudres de la loi et laissant deviner le reste. Ce fut par hasard que David et Harriet tombèrent sur Henry et Lucy. Sur le moment, ils n'en crurent pas leurs yeux. Mrs Tetbury rougit en constatant que Mr Radstock ne portait qu'un slip de couleur et qu'il était encore plus nu que David lorsqu'il se couchait. Quant à Mr Tetbury, fasciné, il contemplait la poitrine de Lucy et s'avouait qu'il n'aurait pas cru qu'elle fût aussi bien faite et, en imagination, revoyant son Harriet, il en éprouva un dépit violent. Si les nouveaux venus étaient sidérés par ce qu'ils contemplaient, Henry, lui, manqua avaler son dentier sous l'effet de la surprise, et Lucy, en se levant, montra des parties de son corps que David ne pensait pas être appelé à découvrir un jour. Le plus surprenant est que les Tetbury semblaient beaucoup plus gênés que les Radstock. Henry s'exclama :

– Dave! Vieille branche! Que faites-vous, ici? Salut, Harriet!

Mrs Tetbury ne s'y retrouvait pas : le nombril entouré de poils roux de Mr Radstock la fascinait. Très sec, David répondit :

– Nous sommes venus à votre secours!

– A notre secours?

– Pour vous arracher à cette peuplade barbare et aux fascistes qui détiennent la force publique!

– Ça ne va pas, Dave? Vous m'inquiétez, mon garçon! Déshabillez-vous donc, ainsi que Harriet et venez vous étendre à côté de nous, votre fièvre s'apaisera.

– Nous déshabiller! avez-vous perdu le sens de la dignité, Radstock?

– Vous devenez idiot, mon bon.

– Comment! Nous qui ne sommes jamais sortis des frontières britanniques, nous acceptons de courir tous les risques parce que, d'après votre lettre, nous vous croyions en danger! et pour toute explication, vous osez nous proposer à Mrs Tetbury et à moi-même de nous déshabiller pour participer à cette dégoûtante exhibition où vous semblez – Dieu me pardonne! – prendre un certain plaisir.

– Dave, franchement, vous commencez à me casser les pieds.

– Oh! est-ce vous, Henry Radstock, qui vous exprimez de la sorte à mon égard?

Lucy, gentiment, demandait :

– Sérieusement, Harriet, ça ne vous tente pas de nous imiter? Si vous saviez comme on est bien...

Plus rouge qu'une cerise en pleine maturité, Harriet gémit :

– Me montrer presque nue en public!

– Nul n'y prêtera attention!

– Je mourrais de honte! J'aurais l'impression d'être devenue une... enfin, vous voyez ce que je veux dire.

– Je vous remercie, ma chère.

Les deux femmes se regardèrent avec hostilité tandis que David sommait son ami de rentrer dans ses pantalons et dans sa respectabilité.

– Henry! Je veux penser que vous n'êtes pas dans votre état normal. Pour la dernière fois, je vous prie de vous habiller, de rentrer à l'hôtel, de boucler vos bagages et de réintégrer Wilton où vos amis, inquiets, vous attendent!

– Non!

– Attention, Radstock! Vous êtes en train de trahir l'Angleterre, vous, un héros de Dunkerque?

– M'en fous... Le soleil, le ciel, la mer, la plage, les spaghettis, la polenta, le climat, le Barbaresco... valent mieux que Dunkerque!

– Oh!

David Tetbury ne comprenait pas ce qui avait pu se passer. A cet instant, Mary Jane, Susan et Tessa portant des maillots de bains deux pièces, vinrent se jeter sur les visiteurs pour les cajoler, les embrasser avec un manque de retenue absolument stupéfiant. Ces jeunes corps frôlant David, se collant plus ou moins à lui, mettaient une sorte de vertige dans la cervelle du vieux quaker, et Harriet – qui devinait les pensées folichonnes de son époux – s'empourprait une fois de plus, mais de colère cette fois. En bref, on se quitta, fâché.

Cependant, au soir de ce même jour, les Radstock, pris de remords, convièrent les Tetbury à dîner en leur annonçant qu'ils rentreraient avec eux à Wilton. Les Tetbury ne voulurent pas oublier tant d'années d'amitié fraternelle et passèrent l'éponge sur la scène du bord de mer. Quand on se retrouva, de part et d'autre, on feignit de ne pas se souvenir des incidents désagréables et l'on bavarda comme si l'on s'était trouvé à *Le Colchique et le bleuet.* Il n'y eut que le dîner qui désorienta Harriet et David aussi totalement que l'attitude matinale de leurs amis. En toute sincérité, les Tetbury ne comprenaient pas qu'on puisse ingurgiter des plats pareils alors qu'on se nourrissait si bien avec des légumes cuits à l'eau et des viandes bouillies, arrosés de thé, surtout quand on peut puiser dans une collection de sauces en bouteilles.

Fortunato et Susan, Enrico et Mary Jane assistaient au repas. Ils firent bonne impression sur les Tetbury. Tessa avait disparu, ainsi que Pietro.

Trop heureux pour avoir le temps de penser aux autres, Pietro et Tessa étaient allés se promener dans la campagne d'Ospedaletti. Ils avaient dîné plus que brièvement de choses légères. Un bonheur partagé leur faisait mépriser les nourritures matérielles. Ils vécurent des heures qu'ils étaient certains de ne jamais oublier quand ils seraient en Grande-Bretagne. Ils se promirent de revenir, chaque année, en pèlerinage sur les lieux ayant vu naître leur amour. Pietro assurait qu'à Londres aussi, ils iraient se balader, la main dans la main, sur les rives de la Tamise pour regarder la lune rouler dans le ciel anglais. L'excuse du jeune Italien tenait à ce qu'il n'avait jamais mis le pied en Angleterre et sa compagne n'osa pas lui avouer que la lune n'aimait guère se montrer aux Londoniens.

Tessa et son fiancé regagnèrent *La Casa Grande* vers 2 heures du matin. La jeune fille eut subitement faim en réintégrant l'univers banal de l'existence quotidienne. Pietro, heureux de lui montrer qu'à *La Casa Grande*, il était partout chez lui, l'entraîna à la cuisine et ouvrit les armoires pour lui offrir ce qui lui plairait. Mais Tessa se sentit attirée par les pâtés de Pamparato rangés en alignements parfaits et curieusement coiffés de petits chapeaux de pâte qui leur donnaient un air guilleret. Pietro hésitait.

– Ce sont ceux destinés à l'expédition. Si Ludovico s'aperçoit qu'il en manque un, il va piquer une colère terrible!

– Tu en as peur?

C'était la chose qu'il fallait dire, et la rusée Tessa l'avait deviné. L'Italien attrapa un des pâtés et le remit à sa bien-aimée.

– Tu le mangeras dans ta chambre. Ça vaut mieux.

Pietro accompagna miss Gillengham jusque chez elle et ils se séparèrent sur un baiser tel qu'il les laissa hors d'haleine. La furia italiana.

Tessa attendit d'être couchée pour mordre dans son larcin et presque aussitôt eut une grimace de dégoût. Une amertume extraordinaire lui emplissait la bouche. Elle regarda le pâté et s'aperçut que sa dent avait crevé une sorte de sachet en plastique qui occupait le centre de la pâtisserie. Elle mit sur le bout de sa langue un peu de la poudre qu'il contenait et se convainquit que l'amertume lui brûlant les lèvres venait de là. Elle sut, dès lors, qu'elle avait résolu le problème que le commissaire Prizzi ne parvenait pas à résoudre.

Eleonora dormait de ce sommeil égal, source de sa belle santé. Elle rêvait paisiblement et souriait à des images heureuses qui la voyaient se promener au bras de son époux sur la piazza del Duomo, à Milan. Massimo poursuivait des songes moins sages et gambadait dans son bureau, brusquement transformé en une espèce de petit palais vénitien. Il y tenait les Anglaises par la main, des Anglaises ayant abandonné leur réserve nationale pour se livrer à un libertinage paraissant les enchanter si Prizzi en devait juger par leurs rires légers, mais qui, sans aucun doute, devait irriter les voisins tapant comme des enragés à la porte ouvrant sur un monde que le commissaire entendait renier.

La première, Eleonora déserta l'univers fantasmagorique de la nuit pour réintégrer le nôtre. Pas d'erreur, on cognait à l'entrée. Elle secoua son mari.

– Massimo, réveille-toi!

– Hein? quoi? Quelle heure est-il?

– 3 heures et demie.

– Ma qué! Les gens sont devenus fous!

Grondant, grognant, se lamentant, il alla ouvrir et se trouva nez à nez avec l'inspecteur.

– Coni! Qu'est-ce qu'il y a?

Le policier s'écarta un peu pour permettre à son supérieur de voir Tessa.

– Vous! à cette heure-ci! Ma qué! vous avez perdu la tête tous les deux, hé?

Paisible, Coni calma son chef.

– La signorina nous a sauvé la mise.

– Voyez-vous ça! Et de quelle façon, s'il vous plaît?

– Si on entrait...? Ce ne sont pas des choses qu'on puisse raconter sur le palier.

A contrecœur, Massimo introduisit ses visiteurs dans le salon. Eleonora gagna la cuisine où elle prépara du café. Rogue, Prizzi demanda à miss Gillengham :

– Alors?

En réponse, la jeune fille lui présenta le pâté entamé en lui expliquant où elle l'avait pris. Le commissaire se tourna vers sa femme revenue.

– Tu peux la remercier. Grâce à elle, nous irons peut-être à Milan.

Tout fut rondement mené. Ludovico se vit passer les menottes alors qu'il paressait encore dans son lit. Très vite, il reconnut que les fameux pâtés Pamparato étaient un merveilleux véhicule que nul n'aurait jamais soupçonné. Le cuisinier ne fit aucune difficulté pour donner la liste des abonnés à qui on expédiait ces friandises un peu particulières.

– Qui vous ravitaillait?

– Margone.

– Et après lui?

– Le chef de l'organisation : don Pasquale.

– Maintenant, Pamparato, nous allons parler des meurtres. Qui a tué Margone?

– Don Pasquale.

– Pourquoi?

– Margone avait peur et avait confié au directeur son intention de filer. Don Pasquale savait que si son adjoint était pris, il parlerait. Il a voulu s'assurer son silence.

– Et Josefina? Elle est morte à cause de la drogue?

– Indirectement. Je pense qu'elle avait vu don Pasquale sortir de chez Margone et aura voulu le faire chanter.

– Alors, c'est lui aussi qui...

– Sûrement.

– Et vous l'avez laissé agir?

– Nous, on croyait, comme vous, que c'était une histoire d'amour.

– De quelle façon avez-vous été mis au courant?

– Quand la petite Anglaise a dit que les deux meurtres devaient avoir les mêmes causes.

– Alors, sans autre preuve, vous avez tué don Pasquale.

– Non.

– Qui, si ce n'est vous?

– Moi.

Albertina, tassée sur une chaise et qui, jusqu'ici n'avait pas ouvert la bouche, se dénonçait.

– Josefina m'avait confié son intention de faire chanter don Pasquale.

– Et vous avez accepté de...

Albertina haussa les épaules.

– J'étais mal placée pour donner des leçons à qui que ce soit... J'ai tout de suite compris qui était le meurtrier de mon enfant... Il avait étranglé ma petite, ce monstre... Je ne pouvais pas ne pas venger ma fille... J'ai pris un couteau à découper et, sous prétexte de lui montrer une lettre, je suis passée derrière son fauteuil et là...

Elle eut un geste qui n'avait nul besoin d'explication.

Anselmo téléphona à Gênes pour avertir le Conseil d'Administration de *La Casa Grande* qu'il avait pris provisoirement la barre d'un navire en perdition et qu'il était urgent d'envoyer des secours. Massimo Prizzi rentra au commissariat pour rédiger un rapport expliquant son triomphe. Il ne crut pas nécessaire de s'étendre sur le rôle de Tessa Gillengham. Paolo Coni emmena les Pamparato réfléchir dans la solitude de la prison aux dangers qu'on encourt à vouloir s'enrichir trop vite et par des voies illégales. Les Anglais trouvèrent, dans l'éclaircissement de cette sanglante histoire par une des leurs, une preuve nouvelle de l'indiscutable supériorité britannique et reprirent l'avion de Londres, la joie au cœur. Les petites versèrent quelques larmes en se séparant de leurs bien-aimés, mais elles devaient débuter bientôt dans la carrière de fonctionnaire. On convint que les triples fiançailles se célébreraient à Wilton. Les Italiens arriveraient en Angleterre dès que leurs fiancées leur auraient trouvé une place dans l'hôtellerie londonienne. On se quitta sur des serments qu'on ne parvenait pas à énumérer jusqu'au bout tellement ils comportaient de paragraphes, sur des engagements qui mettaient en cause au moins deux ou trois vies humaines et sur des étreintes qui ressemblaient à des prises de catch.

Et San Remo se laissa mollement retomber dans sa douceur de vivre.

Ce fut un grand jour pour Fortunato, Enrico et Pietro, lorsque de leur avion qui prenait de la hauteur, ils virent leur ville natale s'amenuiser sous leurs yeux. Quoi qu'ils n'en voulussent laisser paraître, leurs cœurs se serraient. Sitôt la côte ligure hors de vue, ils revinrent à leurs amours, car ils étaient à l'âge où l'on se persuade que l'avenir sera beaucoup plus beau que le passé. Au fur et à mesure que leur appareil approchait de la capitale britannique, l'impatience des trois Italiens augmentait. Les filles avaient juré qu'elles seraient à l'aéroport pour les accueillir, ayant obtenu une permission exceptionnelle de deux heures. Comme s'il venait seulement d'y penser, Pietro dit :

– C'est stupide, mais je n'ai pas songé à demander à Tessa quel était son boulot.

– Moi non plus, répondit Enrico, et ça m'est bien égal du moment que j'aurai Mary Jane.

– Je ne m'en suis pas préoccupé davantage, reconnut Fortunato – mais quelle importance ? Elles doivent être dans des bureaux.

Une grande déception guettait les trois émigrants. Il n'y avait personne pour leur souhaiter la bienvenue. Enrico, le plus sensible, faillit se mettre à pleurer, car déjà il voyait Mary Jane au bras d'un autre... Soudain, Pietro cria :

– Les voilà!

Il montrait trois filles qui couraient vers eux en agitant les bras. Fortunato poussa un juron avec une force telle qu'il aurait pu aller cogner aux fenêtres de Buckingham. Pietro hurla :

– Sainte Madone! Ce n'est pas vrai! Vous n'auriez pas permis ça?

Quant à Enrico, il se contenta de soupirer :

– Oh! mon Dieu...

Les trois Anglaises qui arrivaient à leur rencontre, avec leur casquette, leur tailleur strict, leur sac qu'une courroie retenait sur l'épaule, étaient trois agents de police. D'une voix où tremblaient une déception sans limite et une incompréhension totale, Fortunato confia à ses copains :

– On s'est fiancé à des flics!

Les premières heures avaient été difficiles. Les fiancées expliquèrent qu'elles n'avaient pas osé avouer leur métier de peur de perdre les garçons avec lesquels elles voulaient fonder un foyer. Elles leur promirent qu'à l'avenir, ils ne les verraient plus en uniforme. Le moins frappé était Enrico qui trouvait Mary Jane adorable quelle que fût la tenue dans laquelle elle se présentait à lui. Les trois nouveaux venus grossirent la population étrangère de Londres. Lors du premier week-end, les miss emmenèrent leurs amoureux chez leurs parents respectifs. Ils en revinrent quelque peu éberlués. Radstock avait promené Fortunato dans Wilton à la façon d'un montreur d'ours. Mr Gillengham proposa à Pietro de se livrer à un assaut de lutte gréco-romaine tandis que la maman, le prenant à part, lui énumérait jovialement tout ce qu'elle se promettait de lui infliger au cas où il ne rendrait pas sa fille heureuse. Seul, Enrico fut heureux de sa visite à sa future belle-mère. Il n'avait rien compris à ce qu'elle lui avait raconté, elle n'avait pas saisi exactement ce qu'il voulait mais ils s'étaient quittés enchantés l'un de l'autre.

Les jours passèrent et le climat londonien fit son œuvre, c'est-à-dire que la pluie, la brume, et l'humidité commencèrent à saper le moral des Italiens. Enrico, le premier, se mit à renifler et Mary Jane l'assura que désormais, il pouvait passer pour anglais. Malheureusement, l'humour n'était pas capable de réparer les dégâts causés par l'atmosphère londonienne. Un dimanche gris et bruineux, les trois camarades étaient réunis dans la chambre de Pietro à Bloomsbury. Ils fumaient en regardant les gouttes d'une pluie fine et grasse souiller les carreaux de la fenêtre. Le premier, Fortunato craqua :

– Quand on pense au temps qu'on doit avoir à San Remo...

C'était la lézarde qui allait précipiter la ruine de l'édifice si péniblement conservé en bon état jusqu'ici. Pietro dit :

– Le dimanche, quand j'étais libre, seul ou non, j'allais manger « una pastizzada alla friulana » chez Luigi dans la vieille ville.

– Un rizotto aux oranges avec de la truffe blanche..., soupira Enrico.

– Je ne crois pas que je pourrai tenir le coup encore bien longtemps, annonça Fortunato, sans élever la voix.

– Tu renoncerais à Susan? s'étonna Enrico.

– Ma qué! Je veux vivre, hé?

Pietro approuva son copain.

– J'aime bien Tessa et j'aurais voulu rester avec elle, mais franchement, ce pays, ce n'est pas possible si on n'y est pas né.

– Mary Jane était encore plus jolie dans le soleil..., chuchota Enrico le rêveur.

A la façon du crépi d'une belle villa qui tombe sous l'effet des intempéries et finit par la faire apparaître lépreuse, la passion des trois Italiens pour leurs Anglaises s'affadissait sous les fantasmagories du climat britannique. Comment parler avec passion à celle que vous chérissez alors que vous êtes contraint de vous blottir sous un parapluie et d'échanger des baisers mouillés? Il n'est pas facile de s'attendrir sur des joues humides quand on n'est pas grand-père. En un mot, les choses allaient de mal en pis dans les projets d'alliance anglo-italiens. Les filles s'en rendaient parfaitement compte et s'en désespéraient. A Tessa qui leur exposait ses chagrins d'amour, ses parents conseillaient de manger une double ration de porridge pour retrouver le moral lui faisant défaut. Mrs Muchelney ne voulait pas entendre Mary Jane et lui assurait qu'Enrico et elle étaient liés et que rien ne les séparerait jamais. Seuls, Henry et Lucy Radstock comprenaient et partageaient la peine de leur enfant parce qu'eux connaissaient San Remo. Dans son lit, Henry songeait aux belles filles rencontrées sur les plages, il entendait encore les rires sonores de ces gens heureux de vivre et jugeait qu'à côté d'eux David bêlait plutôt qu'il ne riait. Quant à Lucy, réfugiée dans la salle de bains, elle regardait, les larmes aux yeux, les traces du bronzage subsistant sur son anatomie.

Ce dimanche-là, un rayon était venu dorer Salisbury et sa cathédrale Sainte-Marie. Susan avait quitté le domicile de ses parents et, avec Fortunato, avait gagné, par le bus, Salisbury. Ils s'étaient promenés dans la ville déserte, devant les magasins fermés, et la mélancolie du lieu avait fini par déteindre sur eux. Ils se tenaient par la main, mais ne savaient quoi se dire. Ils craignaient d'être obligés à des constatations peu réjouissantes. Ils avançaient sur la promenade bordant l'Avon et Fortunato voyait s'allonger, devant lui, la longue suite grise de ces dimanches mornes. Par contraste, il revivait les joyeux dimanches de San Remo. Tous deux prirent place sur un banc et Susan demanda en italien :

– Tu ne m'aimes plus, Fortunato?

– Oh! si... mais c'est tout ça...

D'un geste large, il montrait le décor.

– C'est joli pourtant, non?

– Joli, oui... ma qué! c'est triste, hé?

– Tu veux retourner là-bas?

Il fixait le sol, n'osant pas la regarder.

– Je crois. Je ne me ferai jamais à cette existence ni à ce climat.

– Je comprends.

Il la serra contre lui.

– Je t'aime pourtant, tu sais, autant qu'avant... Plus peut-être parce que je pense que je te connais mieux, mais je ne peux pas...

Le soir, lorsque Lucy demanda si Fortunato reviendrait pour le week-end prochain, Susan répondit que Fortunato ne reviendrait plus jamais, qu'il repartait vers le soleil et qu'il avait raison, et qu'elle était la plus malheureuse fille de la Grande-Bretagne. Tandis qu'elle pleurait toutes les larmes de son corps, Henry Radstock finit de bourrer sa pipe, l'alluma et déclara :

– Il me semble, Susan, que si vous aimiez vraiment ce garçon, vous ne le laisseriez pas s'échapper.

Désespérée, elle se tourna vers lui :

– Mais, daddy, que voulez-vous que je fasse?

– Que vous le rejoigniez.

Dans les jours qui suivirent ce fameux dimanche, il y eut bien des soupirs, bien des pleurs, bien des regrets et déjà des remords. Enrico, qui n'arrivait pas à se faire aux mœurs britanniques et chérissait Mary Jane plus que sa vie, lui proposa gaillardement de mourir avec lui. Elle demanda à réfléchir. Tessa s'affirmait la plus discrète, mais elle souffrait depuis que Pietro lui avait annoncé son départ. Susan s'était chargée de prendre les places d'avion. Comme elles n'étaient que stagiaires, les filles ne se mettaient jamais en uniforme quand elles n'étaient pas de service. A l'aérodrome, les garçons eurent le cœur serré quand ils durent se rendre à l'évidence : elles n'étaient pas là pour leur dire au revoir. Enrico résuma la situation :

– Elles ont eu peur de ne pas pouvoir tenir le coup. Moi-même, je ne sais pas si j'y arriverai avant qu'on ne décolle.

Ils occupèrent leurs places respectives en se demandant quelle idée curieuse avait eue Susan de les installer les uns derrière les autres. Une minute ou deux avant qu'on ne ferme les portes, les trois Anglaises arrivèrent et s'assirent paisiblement à côté de leurs soupirants. Fortunato, n'osant pas encore se laisser aller à la joie, demanda :

– Qu'est-ce que cela signifie, Susan?

– Je vais vous expliquer, darling. En Grande-Bretagne on a tellement de mal à trouver un mari que lorsqu'une fille a la chance d'attraper un garçon, elle ne le laisse pas filer, même si elle doit, pour cela, le suivre en Italie et renoncer à être fonctionnaire de la Couronne.

*
**

David Tetbury se réveilla de bonne heure. Il alla à la fenêtre. Il tombait une petite pluie fine et des nuages gris couraient dans le ciel poussés par le vent d'ouest. Tetbury se frotta les mains. Une bonne journée qui rendrait le thé meilleur et plus appétissants les muffins et les buns de la chère Harriet. Il s'en fut allumer le feu de houille, toussa merveilleusement, renifla, cracha et s'essuya les yeux. Tout était bien.

Un grand jour se préparait qui verrait les Radstock retourner à San Remo pour le mariage de Susan. A Londres, ils devaient prendre Mrs Muchelney et Mrs Gillengham. (Mr Gillengham empêché, avait chargé Henry de jouer le rôle de triple père de la mariée.) Tandis qu'il mangeait ses œufs au jambon en face de Lucy qui picorait des toasts depuis qu'elle avait vu les splendides anatomies féminines sur la plage de San Remo, Radstock déclara :

– Il pleut. (Et il ajouta, avec une sorte de satisfaction pudique :) ... comme d'habitude.

– Qu'est-ce qu'il vous arrive, Henry? s'enquit Lucy, étonnée. Voilà bien la première fois que vous critiquez le climat britannique?

– Savez-vous, ma chère, que vous étiez encore mignonne dans votre maillot de bains, à San Remo? Le soleil vous rajeunissait!

– Henry, je vous en prie, cessez de me débiter des sornettes, vous me feriez rougir!

– Je suis sincère, Lucy. Malheureusement, ce n'est pas dans ce damné pays que je puis vous prier de vous mettre en maillot de bains.

– Hélas! gémit-elle presque.

Radstock avala trois tartines de confiture à l'orange, mais quand sa femme lui tendit son assiette de porridge, il la repoussa sous les yeux écarquillés de Lucy, en grommelant :

– Il n'est pas croyable que pendant près de soixante ans, j'aie pu absorber chaque matin une saloperie pareille!

Alors, Lucy Radstock sut que des temps nouveaux étaient venus. Habile, elle changea aussitôt de politique :

– Je suis follement heureuse, Henry, de retourner à San Remo, mais j'ai déjà mal en pensant qu'après le mariage, il nous faudra quitter l'Italie et notre fille unique que nous reverrons Dieu sait quand... Nous ne sommes plus de la première jeunesse, mon chéri.

Radstock prit la main de sa femme.

– Lucy, au fond, rien ne nous oblige à revenir.

Une ondée de joie envahit Lucy de la tête aux pieds en face de cet horizon merveilleux que son époux lui permettait d'espérer. Elle se leva et donna à Henry un baiser comme elle ne lui en avait pas donné depuis leur nuit de noces. Et dans la plus grande sérénité, en folâtrant comme des gamins, en se lutinant, Mr et Mrs Radstock renièrent l'Angleterre!

David et Harriet Tetbury, en amis fidèles, sachant ce que sont les convenances, étaient restés sur le quai jusqu'à ce que la lanterne rouge du dernier wagon du train emportant les Radstock vers Londres, eut disparu dans le brouillard. Ils sortirent de la gare et Tetbury constata avec une sorte de plaisir pervers que bientôt on ne verrait plus les maisons de l'autre côté de la rue. Il prit sa femme par le bras et, humant à pleine poitrine l'air saturé d'humidité, il déclara :

– Voilà, ma chère, un temps pour les vrais hommes et les vraies femmes! J'ai l'impression que les Radstock n'en ont pas pleinement conscience. Pourtant, où pourrait-on mieux se porter que dans notre chère vieille Angleterre, Harriet?

Mrs Tetbury ne put répondre que par un hochement de tête affirmatif, car le nez enflé et les yeux larmoyants, elle commençait son septième rhume de la saison.

Liste alphabétique complète des

# Romans d'Exbrayat

## (Masque et Club des Masques)

| | Masque | Club des masques |
|---|---|---|
| Aimez-vous la pizza? | 700 | 55 |
| Amour et sparadrap | 680 | 21 |
| Les amours auvergnates | 1001 | 506 |
| Les amoureux de Léningrad | 1061 | 157 |
| Au " Trois Cassoulets " | 1154 | 229 |
| Avanti la musica | 715 | 43 |
| La balade de Jenny Plumpett | 1481 | |
| Barthélemy et sa colère | 854 | 354 |
| La belle Véronaise | 1210 | 268 |
| Les blondes et papa | 727 | 126 |
| Bye, bye, chérie | 1330 | 562 |
| Caroline sur son banc | 1556 | |
| Ce mort que nul n'aimait | 625 | 133 |
| Ces sacrées Florentines | 1046 | 147 |
| C'est pas Dieu possible | 1308 | 544 |
| Cet imbécile de Ludovic | 674 | 85 |
| Chant funèbre pour un gitan | 1012 | 145 |
| Le château des amours mortes | 1608 | |
| Chewing-gum et spaghetti | 665 | 12 |
| Chianti et Coca Cola | 897 | 33 |
| Le clan Morembert | 1098 | 520 |
| Le colonel est retourné chez lui | 875 | 170 |
| Les dames du Creusot | 904 | 398 |
| Le dernier des salauds | 958 | 454 |
| Des amours compliquées | 1457 | |
| Des demoiselles imprudentes | 721 | 369 |
| Des filles si tranquilles | 1123 | 529 |
| Deux enfants tristes | 1423 | 555 |
| Dors tranquille, Katherine | 762 | 286 |
| Les douceurs provinciales | 1744 | 51 |
| Elle avait trop de mémoire | 583 | 27 |
| En souvenir d'Alice | 1469 | |
| Encore vous, Imogène? | 753 | 118 |
| Espion où es-tu? M'entends-tu? | 1761 | 98 |
| Et qu'ça saute! | 1751 | 106 |
| Félicité de la Croix-Rousse | 1033 | 215 |
| Les fiançailles d'Imogène | 1176 | 197 |
| Les filles de Folignazzaro | 797 | 360 |
| Fini de rire, fillette | 1512 | 568 |
| La haine est ma compagne | 1634 | |
| L'honneur de Barberine | 1741 | |
| La honte de la famille | 831 | 478 |

| | Masque | Club des masques |
|---|---|---|
| Il faut chanter, Isabelle | 992 | 498 |
| Imogène est de retour | 706 | 110 |
| Imogène et la veuve blanche | 1406 | 571 |
| Imogène, vous êtes impossible | 801 | 140 |
| L'inspecteur mourra seul | 638 | 19 |
| J'aimais bien Rowena | 1345 | 575 |
| Joyeux Noël, Tony | 1768 | 63 |
| Ma belle Irlandaise | 1719 | |
| Mandolines et barbouzes | 1805 | 80 |
| Marie de nos vingt ans | 1380 | |
| Méfie-toi, Gone! | 741 | 67 |
| Les menteuses | 1141 | 223 |
| Les messieurs de Delft | 839 | 312 |
| Mets tes pantoufles, Romeo | 1713 | |
| Mortimer, comment osez-vous? | 969 | 294 |
| Ne vous fâchez pas, Imogène | 647 | 75 |
| Le nez dans la luzerne | 1597 | |
| Notre Imogène | 1070 | 165 |
| La nuit de Santa Cruz | 592 | 378 |
| Olé! toréro | 788 | 303 |
| On se reverra, petite | 824 | 47 |
| Le petit fantôme de Canterbury | 1392 | |
| La petite fille à la fenêtre | 1188 | 239 |
| Plaies et bosses | 919 | 59 |
| Le plus beau des Bersagliers | 779 | 88 |
| La plus jolie des garces | 1728 | |
| Porridge et polenta | 1291 | 345 |
| Pour Belinda | 975 | 393 |
| Pour ses beaux yeux | 1167 | 542 |
| Pourquoi tuer le pépé? | 1220 | 256 |
| Le quadrille de Bologne | 1821 | 102 |
| Quand Mario reviendra | 1240 | 318 |
| Quel gâchis, inspecteur | 814 | 39 |
| Qui veut affoler Martine? | 1278 | 336 |
| Le quintette de Bergame | 978 | 181 |
| Le sage de Sauvenat | 1667 | |
| Sainte Crapule | 1256 | 327 |
| Le temps se gâte à Zakopane | 1840 | 92 |
| Ton amour et ma jeunesse | 1227 | 247 |
| Tout le monde l'aimait | 1086 | 205 |
| Trahisons en tout genre | 1566 | |
| Tu n'aurais pas dû, Marguerite | 1430 | 585 |
| Un bien bel homme | 1116 | 277 |
| Un cœur d'artichaut | 1536 | 487 |
| Un garçon sans malice | 1782 | |
| Un joli petit coin pour mourir | 1020 | 190 |
| Une brune aux yeux bleus | 935 | 71 |
| Une petite morte de rien du tout | 893 | 414 |
| Une ravissante idiote | 1827 | 114 |
| Une vieille tendresse | 1645 | |
| Vous auriez pas vu la Jeanne, des fois? | 1755 | |
| Vous manquez de tenue, Archibald | 872 | 384 |
| Vous souvenez-vous de Paco? | 616 | 5 |
| Le voyage inutile | 925 | 441 |

# Le Club des Masques

IMPRIMÉ EN FRANCE PAR BRODARD ET TAUPIN
Usine de La Flèche (Sarthe).
ISBN : 2 - 7024 - 1382 - X
ISSN : 0768 - 0384

H 31/0419/7